T0294506

Dokushô Villalba

Zen en la plaza del mercado

editorial Kairós

© 2016 by Editorial Kairós, S.A.
Numancia 117-121, 08029 Barcelona, España
www.editorialkairos.com

Fotocomposición: Moelmo, S.C.P. Girona, 53. 08009 Barcelona
Revisión: Amelia Padilla
Diseño cubierta: Katrien Van Steen
Impresión y encuadernación: Romanyà-Valls. Verdaguer, 1. 08786 Capellades

Primera edición: Noviembre 2016
ISBN: 978-84-9988-530-8
Depósito legal: B-19.452-2016

Este libro ha sido impreso con papel certificado FSC, proviene de fuentes
respetuosas con la sociedad y el medio ambiente y cuenta con los
requisitos necesarios para ser considerado un «libro amigo de los bosques».

*A todos los bodhisattvas y a todos aquellos
que dedican sus vidas al bien de los demás,
trayendo la luz de la conciencia
a la plaza del mercado
y, en especial, a mi hijo Inoé,
bodhisattva de luz radiante*

Sumario

Primera parte:
El zen

La Clara Luz de los Budas y Patriarcas es el universo entero en las diez direcciones. Todos los Budas y todos los Patriarcas son la Clara Luz. La Clara Luz es la transmisión de Buda en Buda. La Clara Luz es la luz del Iluminado y la iluminación de la Luz. Los Budas y Patriarcas saben que la Clara Luz es la iluminación de los Budas y Patriarcas. Cuando iluminamos la Clara Luz a través de la práctica nos convertimos en Buda, nos sentamos como Budas, actualizamos la iluminación y realizamos lo que todos los Budas y Patriarcas han realizado.

«SHÔBÔGENZÔ *KÔMYÔ*. CLARA LUZ»
EIHEI DÔGEN (1200-1254)

1. Breve historia del zen

El budismo zen llegó a Europa y Estados Unidos durante la segunda mitad del siglo XX. Al principio fue conocido y apreciado solo por una minoría de intelectuales y artistas, pero, conforme el siglo fue avanzando, el zen se fue haciendo cada vez más popular, hasta el punto de que actualmente en todas las ciudades grandes y medianas de Europa, por ejemplo, existen centros de meditación zen. La misma palabra «zen» ha pasado a formar parte del acervo popular occidental. Encontramos restaurantes «zen», perfumes «zen», interiorismo «zen», incluso un iPod ha sido llamado «zen». En los paneles luminosos de las autopistas francesas apareció en el año 2006 una frase que rezaba: *Soyez zen* ('sea zen'), es decir, conduzca con calma.

Pero ¿qué es realmente el zen?

Zen es un término japonés que designa a una de las principales escuelas del budismo. ¿Es, pues, el zen una religión? Depende de lo que se entienda por «religión». Muchos de los estudiosos de la fenomenología de la religión afirman que el sentimiento religioso surgió en la humanidad primitiva al mismo tiempo, y de forma indisociable, que el surgimiento de la conciencia individual. La paulatina irrupción de la conciencia individual (en la que es posible ver el trasfondo de lo que algunas religiones llaman el «pecado original») va irremediablemente acompañada por la angustia del yo separado. Esta angustia podría representar la «caída» y la «expulsión» del paraíso de la fusión inconsciente con la Unidad Fundamental. El término «religión» procede del latín *religare* 'volver a unir': la religión es lo que vuelve a unir la conciencia individualizada con la Unidad Fundamental en una experiencia de fusión consciente. En este sentido, el budismo zen es una religión, una práctica unitiva gracias a la cual la conciencia individualizada vuelve a integrarse en la Totalidad.

Sin embargo, en Occidente el término «religión» se encuentra muy devaluado, tal vez debido a los innumerables sufrimientos y obstáculos a la evolución histórica que las grandes religiones teístas han provocado en el pasado y en el presente. Muchos occidentales modernos entienden por religión un conjunto de prácticas rituales, o un sistema doctrinal basado en dogmas de fe que deben ser aceptados por su supuesto origen sobrenatural. En este sentido, el budismo zen no es una religión al uso.

Por otra parte, en Occidente se tiende a una percepción etnocéntrica de la religión y se identifica este término con «religión teísta», de forma que aquellas otras vías religiosas que no barajan la hipótesis de Dios son consideradas «no religiosas».

Mi primer maestro, Taisen Deshimaru, solía decir que el budismo zen «es la esencia de la religión que está más allá de toda forma religiosa».

El zen es una religión en el sentido de que, a través de una experiencia interior, unifica la conciencia del yo individual con la totalidad de la vida. Como expondré más adelante, la cuestión clave aquí es la experiencia personal, no la asunción de dogmas.

¿Es el zen una filosofía? La experiencia espiritual del Buda Shakyamuni y de los maestros zen de la antigüedad y de la actualidad se ha manifestado a lo largo de la historia en forma de sistemas filosóficos tendentes a expresar la riqueza y la profundidad de su experiencia. La expresión conceptual de nuestras experiencias forma parte de la naturaleza humana. No obstante, la filosofía zen no surge de la especulación intelectual ni de una lógica arbitraria ni de presupuestos adoptados por la fe, sino que constituye un intento de expresión de la experiencia espiritual, la cual, por su propia naturaleza, se halla fuera del alcance de las redes del intelecto. Por lo tanto, la expresión filosófica del zen no debe ser considerada como un cuerpo doctrinal dogmático, sino como un dedo que señala la luna: dirige nuestra atención hacia la experiencia real que se encuentra más allá de las palabras y de cualquier sistema filosófico.

Por esto mismo, el zen tampoco es una ideología en tanto no surge de la ideación humana. Más bien al contrario, la experiencia zen supone el cese, o al menos la trascendencia temporal, de cualquier tipo de ideación, conceptualización o categorización.

No obstante, el zen, como cualquier otro fenómeno, puede ser abordado y utilizado erróneamente como ideología, como religión dogmática, como filosofía especulativa o como una práctica ritual formalista, aunque ello conlleva la destrucción de su misma esencia.

¿Es el zen un código estético? Muchos son los occidentales modernos que identifican el zen con una cierta estética minimalista. El calificativo «zen» ha saltado a las revistas de moda, a la decoración, al interiorismo, en definitiva, al diseño en sus diferentes expresiones. Los creadores de tendencias, tan sedientos siempre de nuevos estímulos formales (¿qué son, si no, las modas?), han descubierto recientemente la estética zen y la están lanzando como un nuevo objeto de consumo. Nada grave habría en ello si esta popularización no confundiera las flores con las raíces. La estética zen —cuyas características principales son la sobriedad, la limpieza y elegancia de las líneas, la asimetría, la naturalidad no afectada, el silencio interior, los espacios vacíos— es la expresión de una actitud interior, la flor de una planta que hunde sus raíces en una experiencia existencial profunda que afecta al individuo en todos los niveles de su ser. Reducir el zen a su expresión estética equivale a cortar la flor de la planta que le da la vida.

Por otra parte, la llamada estética zen es solo una de las posibles formas a través de la cual se expresa la experiencia zen. En concreto, la estética que actualmente está siendo conocida en Occidente como zen es la expresión japonesa del zen. Y demasiado a menudo se confunde la estética japonesa con la estética zen. Si bien es cierto que existen vínculos evidentes entre ambas (el zen ha ejercido una influencia determinante en el arte y en la cultura japoneses, de la misma manera que la idiosincrasia japonesa ha ejercido una influencia característica en la expresión estética del zen japonés), no es posible reducir la expresión «zen» a su forma japonesa. De la misma forma que el genio japonés creó vías propias para expresar el espíritu zen, los occidentales también tenemos una genialidad propia que debe encontrar nuevas vías de expresión a medida que los creadores, como Tàpies, Pollock, John Cage y otros, penetren en la experiencia zen.

Si no es una religión al uso, ni una ideología ni un sistema filosófico ni un simple gusto estético ni un conjunto de rituales formalistas..., ¿qué es, entonces, el zen?

Sus seguidores lo consideramos como una tradición espiritual que ha transmitido un conocimiento y un método experiencial que, cuando son adecuadamente practicados, conducen a la experiencia más anhelada, la que constituye la cumbre y la máxima expresión de la naturaleza humana: la experiencia llamada «despertar».

'Despertar' es la traducción del término sánscrito *bodhi*. El término original *Buddha,* que en español transcribimos como Buda, es un epíteto que significa 'el que ha despertado'. Fue esta experiencia de despertar la que convirtió al príncipe Siddharta Gautama en el Buda. Según la tradición budista, todos los seres humanos somos budas en potencia, es decir, todos tenemos la capacidad de despertarnos plenamente a la verdadera naturaleza de nuestra existencia y de la realidad, realizando así el fin último de la vida consciente.

Shakyamuni, el Buda histórico

El zen tiene sus raíces en la experiencia de Shakyamuni, el Buda histórico, quien vivió en el norte de la actual India alrededor del siglo v antes de la era cristiana. Su nombre civil era Siddharta Gautama y la tradición cuenta que su padre era uno de los jefes de la oligarquía que gobernaba el clan de los Shakhya, una pequeña república situada al sur del actual Nepal, cuya capital era Kapilavastu.

Aunque la existencia histórica de Shakyamuni no da lugar a dudas, es muy probable que la biografía que nos ha llegado haya sido fruto de diversas recreaciones posteriores que fueron conformando una hagiografía arquetípica de carácter universal que recoge las fases características de todo camino iniciático, de forma que el camino espiritual recorrido por el Buda Shakyamuni es una expresión particular del recorrido espiritual universal del ser humano.

Con el fin de comprender mejor la función que el zen está desempeñando en la civilización contemporánea es imprescindible adentrarse en la experiencia original del fundador, extrayendo de ella las enseñanzas universales que siguen siendo válidas para los que estamos viviendo a comienzos de este siglo XXI.

En la medida de lo posible voy a prescindir de los elementos míticos y sobrenaturales, añadidos en épocas y culturas posteriores, para centrarme en los que siguen teniendo un marcado valor arquetípico y universal.

Tradicionalmente se distinguen ocho etapas en el recorrido vital de Shakyamuni: nacimiento y juventud; el encuentro con la realidad; la renuncia al mundo; la práctica ascética; confrontación con Mara; el despertar; su actividad como enseñante, y, por último, el nirvana.

Nacimiento y juventud

El príncipe Siddharta Gautama nació del matrimonio formado por su padre, Shuddhodana, y su madre, Maya, que murió durante el parto. Poco después de nacer, se presentó en la corte un santo ermitaño y, al ver al recién nacido, le auguró un destino excepcional: se convertiría en un rey excelente o... en un guía espiritual. Su padre temió esto último, por lo que dispuso que su hijo no tuviera ningún contacto con la vida que discurría fuera de palacio. El joven Siddharta pasó su infancia y su juventud dentro del recinto amurallado del palacio gubernamental, rodeado de jardines y de sirvientes y recibiendo la educación propia de alguien que debía convertirse en gobernante del clan. Su padre dio órdenes estrictas de que el príncipe debía ser aislado de todos los aspectos desagradables de la existencia: las flores eran retiradas antes de que se marchitaran, los jardines lucían siempre espléndidos, los sirvientes eran jóvenes de buena salud. Su padre se teñía el cabello para impedir que su hijo apreciara el inevitable deterioro que el tiempo causa a todo lo viviente. El príncipe contaba con maestros en las diversas artes y disciplinas, así como con compañeros de liza en las distintas artes marciales. A los 20 años se casó con Yashodhara, quien años después le daría un hijo, al que llamaron Rahula.

El príncipe vivió su infancia y su juventud en una burbuja ideal de felicidad, aislado de la vida real que palpitaba de otra forma fuera de los muros de su palacio, ignorante de su propia y feliz inconsciencia. Pero algo sucedió que pinchó esta burbuja de dicha. Algunos dicen que fue la curiosidad innata de todo ser humano lo que le llevó a explorar más allá de los límites amurallados. Otros cuentan la siguiente historia como desencadenante de su impulso explorador. Una tarde de verano, el príncipe yacía en sus aposentos, que estaban protegidos del calor. En el palacio reinaban la calma y el silencio. De pronto, el joven Siddharta oyó un canto melodioso que le suscitó un sentimiento que nunca antes había experimentado, un dolor anímico teñido de melancolía y tristeza expresado con una belleza que le hirió el alma. Siddharta salió al jardín buscando el origen del canto. Recorrió sus caminos y atravesó sus glorietas hasta encontrar, en un rincón discreto y apartado, a una de sus sirvientas tocando el laúd con los ojos bañados en lágrimas. A sus preguntas, la joven sirvienta le confesó que cantaba para ahuyentar la tristeza que le producía la separación de su familia, ya que había sido traída a palacio contra su voluntad desde una región remota donde seguían viviendo sus padres, hermanos y familiares.

Siddharta volvió cabizbajo a su estancia, y a partir de entonces surgió en su corazón una gran inquietud y una gran sospecha: tal vez el mundo no era como lo que él había visto hasta ese momento. Nada sabía él del dolor ni de la tristeza, ni de la insatisfacción, ni de tantas experiencias al parecer desagradables que se producen en la vida cotidiana de los mortales.

Decidió conocer la realidad tal y como era más allá de su mundo protegido. Con la ayuda de su principal sirviente y amigo, Chandaka, y amparándose en la oscuridad de la noche, Siddharta desafió la prohibición paterna y atravesó el límite de su realidad.

El encuentro con la realidad

La tradición cuenta que Siddharta hizo cuatro salidas. En la primera entró en contacto con la enfermedad; en la segunda, con la vejez; en la tercera, con la muerte, y en la cuarta, con un hombre santo que vivía entregado a la búsqueda de la liberación.

Durante la primera noche, Siddharta encontró a una mujer enferma. Le preguntó a Chandaka: «¿Qué clase de persona es esa?». Chandaka respondió: «Es una persona enferma. Eres joven y sano, pero algún día sin duda enfermarás». Entonces supo que el cuerpo enferma, que pierde su equilibrio y su salud y que la enfermedad va acompañada de dolor y sufrimiento. Volvió a palacio triste y reflexivo.

En la segunda noche encontró a un hombre anciano, encorvado por el peso de los años, con la cara arrugada y la mirada casi ciega. Le preguntó a su palafrenero Chandaka: «¿Qué clase de persona es esa? Su espalda está encorvada, su rostro está lleno de arrugas, su cabello está completamente blanco y casi no puede caminar. ¿Quién es ese hombre tan feo?». Chandaka respondió: «Es un anciano». Cuando Siddharta preguntó: «¿Qué clase de persona termina pareciéndose a él?», Chandaka le explicó: «Todas las personas se vuelven así. Puedes ser joven ahora, pero algún día te parecerás a él». Al oír esas palabras, Siddharta se tornó pensativo e inmediatamente dio la vuelta y regresó a su palacio. Supo que el cuerpo envejece. Que el cuerpo de su padre, el de su hijo, el de su esposa, el de sus criados y el suyo envejecerían. Sintió que la vejez es dolor y sufrimiento. Volvió a palacio conmocionado.

En el transcurso de la tercera noche encontró una comitiva fúnebre que transportaba un cadáver al lugar de cremación. Al ver al difunto, rodeado por un grupo de personas que lloraban dando fuertes gritos, mientras se dirigían hacia el límite de un campo, Siddharta preguntó: «¿Qué es eso?». Chandaka contestó: «Alguien ha muerto. Tú también morirás algún día». Entonces supo que la muerte, el fin de la vida individual, existe, y que todos los seres vivos terminan por morir tarde o temprano. Sintió que la muerte es dolor y aflicción. Volvió a palacio y entró en un profundo mutismo.

Después de estas tres salidas, Siddharta no volvió a ser el mismo. Se pasaba las horas muertas preso de un estado de melancolía, reflexionando sobre la naturaleza transitoria de todo lo que había experimentado hasta entonces en su vida palaciega. Dicen que los manjares ya no le alimentaban, que la música dejó de reconfortarle y que incluso el amor de su esposa y de su hijo fue incapaz de aliviar la inquietud que se había apoderado de su corazón. Un sabor a cenizas permanecía constantemente en su boca.

Decidió salir una vez más; y en esta ocasión se encontró con un hombre santo, un asceta de los bosques, un *sadhu* que había renunciado a los placeres y las alegrías inestables de este mundo para encontrar una paz y una felicidad más profundas y estables.

Fue después de este cuarto encuentro cuando Siddharta decidió emprender la búsqueda de la liberación del dolor y el sufrimiento.

La renuncia al mundo

Finalmente, Siddharta decidió abandonar a su familia y convertirse en un buscador de la verdad, pero en la noche en que estaba a punto de irse en secreto del palacio sintió deseos de abrazar a Rahula, su único hijo. Sin embargo, al ver a su esposa Yashodhara que dormía junto al niño y temiendo despertarla, abandonó la idea y decidió marcharse de inmediato, teniendo cuidado de no hacer ruido. Antes de que amaneciera salió de palacio montado en su caballo y acompañado por su fiel Chandaka. Una vez llegado a un bosque habitado por una comunidad de ascetas, Siddharta se desprendió de su ropa, se cortó el cabello, entregó el caballo a su sirviente y se adentró en el bosque para buscar un maestro que le instruyera.

La práctica ascética

En la India de la época se creía que era posible alcanzar la iluminación espiritual a través del ascetismo, es decir, soportando el dolor físico que el asceta se provoca a sí mismo. El asceta Gautama practicó este camino durante seis años. También estudió el cultivo mental con varios maestros. No obstante, estas prácticas rigurosas se mostraron ineficaces con el paso de los años e incluso pusieron en peligro su vida hasta el punto de que sus mismos compañeros pensaron en más de una ocasión que Gautama había muerto como resultado de su ascesis extrema.

Un día decidió darse un baño en el río y de esta forma poner punto final a la extenuación inútil en la que se encontraba. Se sentó bajo un gran árbol.

Sujata, una pastora que vivía en un poblado cercano, había estado haciendo ofrendas diarias al árbol con la esperanza de que se cumpliera un deseo. Al ver al demacrado asceta sentado al pie de ese árbol, pensó que se trataba del espíritu del árbol. Corrió a su casa y con cuidado preparó una sopa de arroz cocido en leche y se la ofreció. La sopa de arroz es extremadamente nutritiva y, después de comerla, Gautama se sintió recuperado física y mentalmente. Entonces comenzó a meditar con la determinación de no levantarse hasta haber alcanzado la iluminación suprema o morir en el intento.

Entró en un estado de profunda inmovilidad. El propio Buda Shakyamuni cuenta cómo las arañas tejieron sus telas en sus párpados inmóviles y los pájaros anidaron en el hueco de sus manos dispuestas junto al regazo en postura de meditación.

En el octavo día del decimosegundo mes, ya entrada la noche, cuando el planeta Venus brillaba en el cielo, alcanzó «la suprema iluminación». En los siguientes capítulos expondré el proceso meditativo que Shakyamuni siguió justo antes de su iluminación.

Confrontación con Mara y el despertar

No obstante, antes de que el ojo del conocimiento se abriera en él, Gautama tuvo que atravesar la zona de oscuridad que envuelve el reino de la muerte psicológica. En la tradición budista, este pasaje es conocido como «confrontación con Mara». En términos de la psicología moderna, la confrontación con Mara equivale a la exploración del inconsciente profundo (la sombra) y a la muerte del yo, o autoimagen. Atravesando el reino de Mara, Gautama tuvo que mirar de frente a sus propios instintos, la sed de existencia, el apego al nombre y a la forma, la agresividad, el deseo sensorial, el anhelo de autoperpetuación, etcétera. Mara significa literalmente 'destruir o matar'. En la tradición budista representa una personificación de las fuerzas de la ignorancia inconsciente que vela por la luz original del ser consciente. La confrontación con Mara guarda cierta semejanza con las tentaciones del Diablo a Jesucristo durante su retiro en el desierto.

En primer lugar, Mara le envía un ejército terrorífico formado por todas las huestes de la peor calaña. Le dice a Gautama: «Si abandonas este lugar y regresas a tu hogar, haré que te conviertas en un gran emperador y conquistador del mundo». Al no tener éxito, Mara le envía a sus tres hijas para seducirlo sexualmente. Las tres hijas recurren a toda clase de ardides amorosos: le muestran sus cuerpos desnudos de piel de alabastro, le atraen con canciones y danzas, con miradas sensuales y dulces palabras de elogio. Se pasean frente a él levantando sus faldas y diciéndole cosas como: «Quisiera ser la servidora de un gran hombre como tú». Pero Gautama permanece inmutable y logra derrotar a Mara.

Se entiende que Mara representa los estados mentales nocivos que se encuentran en la base del sufrimiento. En otras palabras, el combate con Mara no es otra cosa que la lucha dentro de uno mismo contra la propia ignorancia. La derrota de Mara significa la disolución de los tres estados mentales nocivos básicos, que son el apego, el odio y la ignorancia. Una vez disueltos los tres estados mentales nocivos, la luz de la sabiduría emergió en la mente de Gautama al mismo tiempo que la estrella de la mañana comenzaba a brillar en el firmamento. Fue entonces cuando el príncipe Siddharta, el asceta Gau-

tama, se convirtió en *buddha,* 'aquel que ha despertado'. El
Buda tocó en ese momento la tierra con la mano derecha re-
quiriéndola como testigo de su despertar. Célebres son sus
palabras de ese momento: «En este instante, la Tierra, el cielo,
las plantas y todo cuanto vive entre la Tierra y el cielo han alcanzado conmigo el perfecto y supremo despertar. Ellos son
mis testigos».

A partir de entonces, Siddharta Gautama fue conocido como
el Buda Shakyamuni, el sabio iluminado del clan Shakhya.

Su actividad como líder espiritual

La tradición acuerda que Siddharta abandonó la vida palaciega alrededor de los 29 años, que dedicó 6 años a la práctica ascética y que alcanzó la experiencia del despertar a los
35 años. Dado que tenía 80 años en el momento de su muerte,
el Buda Shakyamuni pasó 45 años enseñando el camino que
había descubierto y completado. De ahí que sus enseñanzas,
recogidas en los *sutras,*[1] sean tan prolíficas, detalladas y ha-
gan referencia a un gran número de situaciones de la vida
cotidiana de sus discípulos y seguidores. Las enseñanzas budistas recogidas en los *sutras* son muy numerosas: su colección incluye cientos de volúmenes. El Buda Shakyamuni se
dedicó durante años a la propagación de su enseñanza, reco-
rriendo innumerables veces los distintos reinos del norte de la
India de la época. Sus seguidores se contaban ya por miles antes de su desaparición.

El Buda Shakyamuni articuló por primera vez su enseñanza en forma de Cuatro Nobles Verdades, que representan el núcleo básico común a todas las formas y escuelas budistas que aparecieron después con el discurrir el tiempo.

Estas Cuatro Nobles Verdades son:

- La verdad de la aflicción (*duhkha,* en sánscrito).
- La verdad de la causa de la aflicción (*avidya,* en sánscrito).
- La verdad del estado libre de la aflicción (*sukha* o *nirvana,* en sánscrito).
- La verdad del camino que conduce desde la aflicción hasta su liberación (*dharma,* en sánscrito).

La verdad de la aflicción. La angustia, la ansiedad, el malestar o la aflicción constituyen los síntomas universales del estado de enfermedad corporal o emocional. Esta aflicción debe ser entendida en un sentido genérico como malestar o insatisfacción profunda, aunque este sentido genérico incluye también el dolor específico que puede aparecer como consecuencia del desequilibrio puntual de un órgano o función fisiológica. El más profundo anhelo de todos los seres humanos es el de liberarse de tales estados de displacer. El Buda Shakyamuni, como todo sanador, reconoció la existencia de tal aflicción, identificó sus causas, afirmó la capacidad de felicidad inherente en la naturaleza humana y enseñó el camino —el tratamiento— que se debe seguir.

La verdad de la causa de la aflicción. El Buda Shakyamuni no fue un sanador corporal ni emocional ni mental, tal como entendemos en Occidente la función del doctor, del psicoterapeuta o del psiquiatra. Él quiso ir hasta la causa más profunda, hasta la raíz de la enfermedad humana, hasta su origen ontológico más remoto. Es decir, fue un sanador espiritual. Su exposición teórica y su praxis afirman que la causa profunda de toda enfermedad se encuentra en dos actitudes emocionales-mentales extremas. A saber, por un lado, en el deseo (y su familia: avidez, ansiedad, avaricia, codicia, ambición, apego, etcétera) y, por otro, en el odio (y en su familia: aversión, rechazo, agresividad, cólera, etcétera). Yendo un paso más allá, el Buda enseñó que ambas actitudes extremas son originadas por la ignorancia. En el contexto budista, la ignorancia es la causa última de toda aflicción. Siendo así, es importante que comprendamos qué entiende el budismo por ignorancia. En japonés, el término es *mumyo,* y en sánscrito, *avidya,* comúnmente traducidos como 'ausencia de claridad mental'. En otras palabras, la ignorancia es un error de percepción o una percepción errónea de la realidad. Todo organismo vivo necesita una cierta percepción de la realidad, tanto interna como externa, con el fin de poder desarrollar comportamientos adaptados a ella que le permitan sobrevivir. Los organismos que no pueden adaptarse a la realidad en la que viven terminan por perecer y extinguirse. La capacidad de adaptación está indisolublemente unida a la aptitud cognitiva, es decir, al conocimiento que dicho organismo tiene de la realidad en la que vive. Para el budismo, el malestar asociado a la enfermedad, a la vejez y a la muerte tiene su causa última en un error cognitivo de la mente humana, la cual no percibe claramente su realidad interna y externa y, por lo tanto, no puede generar comportamientos adaptados a dicha realidad.

¿Cómo se manifiesta este error cognitivo de la mente humana? Básicamente a través de tres rasgos.

En primer lugar, a través del pensamiento dualista. En efecto, el *software* de la mente humana ordinaria que procesa casi toda la información que nos llega de la realidad a través de los sentidos y a través de las creaciones de la mente misma obedece a un programa diseñado en base dos, es decir, binario, como los ordenadores: 0-1, bien-mal, yo-tú, cuerpo-mente, material-espiritual, etcétera. Resultado de esto es una percepción compartimentada, dividida *ad infinitum* en categorías estancas, generalmente opuestas y/o excluyentes entre sí. Al procesar así la información, la mente humana olvida un aspecto fundamental de la realidad que es la interconexión básica de todos los elementos que la componen. Dicho de otra forma, el error de percepción básico de la mente humana ordinaria viene dado por un exceso de análisis y una carencia de síntesis, es decir, por un exceso de parcelación y una falta de totalidad.

En segundo lugar, a través de la negación de la transitoriedad. La vida no es un estado estático, es un proceso, esto es, cambio, transformación, evolución e involución, condensación, mantenimiento y disolución. La vida humana individual tampoco es un estado inmutable, sino un proceso de transformación en el que todo, absolutamente todo, en el organismo humano, tanto a nivel corporal como mental, está en continuo cambio. Es este proceso universal el que ha hecho que una determinada cantidad de energía se condense formando una vida humana, el que permite que esta forma se mantenga durante un tiempo limitado y el que hace que esta forma se disuelva en el océano de la energía universal. La degeneración física y mental y la disolución del organismo individual forman parte del proceso de la vida. En palabras del Buda: «Todo lo que nace, muere. Todo lo que empieza, acaba». Así es la realidad. No obstante, la mente humana ordinaria, debido a un error de percepción, ha generado el concepto de perdurabilidad y se aferra a la perpetuación de la forma individual. Este deseo de inmortalidad individual o, lo que es lo mismo, este rechazo de la transitoriedad individual, ambos enraizados en un conocimiento defectuoso —ignorancia— de la realidad, es una patología profunda que impide al organismo desarrollar un comportamiento adaptado a la realidad. Como síntomas de ello surgen el dolor y el sufrimiento, primero mental, después emocional y, por último, corporal. Ese dolor, en cualquiera de sus formas, debe ser considerado como manifestación de la falta de adaptación del organismo humano a la realidad, ya sea interna o externa.

En tercer lugar, a través de la negación de la ausencia de yo. La ignorancia, o error de percepción, se manifiesta sobre todo en el concepto de yo-autoimagen creado por la mente humana en el intento de conocerse a sí misma, y en el atávico apego emocional a esa idea. Este es el origen de esa gran neurosis colectiva que llamamos egocentrismo, causa última de tanto dolor y sufrimiento. El concepto de yo-autoimagen es el producto típico de un *software* programado en sistema binario. Una de las primeras cosas que un humano recién nacido debe aprender es la diferenciación entre yo y no-yo. Es decir, debe aprender a definir el yo y, a partir de ahí, a considerarlo una entidad inmutable, siempre opuesta al no-yo. El niño aprende a desarrollar el «amor propio», esto es, el apego a su yo y la desconfianza hacia el no-yo. Este mecanismo psíquico, que a primera vista parece muy eficaz para sobrevivir, puede convertirse en la principal causa de nuestra aniquilación como especie, e incluso de la aniquilación de toda forma de vida en el planeta.

Lo que la realidad nos dice, cuando la percibimos más allá del condicionamiento egocéntrico, es que ningún yo puede sobrevivir sin eso que llamamos no-yo. Es decir, ningún yo tiene autonomía para sobrevivir por sí mismo sin la interconexión estrecha con lo no-yo. Sencillamente, la vida del hipotético yo está basada en su relación con lo no-yo. Por lo cual, lo no-yo es tan imprescindible para el yo como el yo mismo. Esto quiere decir que, de hecho, no hay separación entre el yo y el no-yo, sino una continuidad que desdibuja todo límite. Cuando una mente humana individual no percibe esto, su existencia es una lucha permanente por la supervivencia, una lucha contra lo Otro. Tan solo se trata de un error de percepción porque lo Otro es la parte del sí mismo que permanece oculta en la sombra de la ignorancia. La división mental de la realidad en yo y Otro es la principal causa de la ansiedad crónica que padecemos los seres humanos. Ansiedad que, posteriormente, se manifiesta en una amplia gama de patologías mentales, emocionales y corporales.

La verdad del estado libre de aflicción. El Buda enseñó que los seres humanos tenemos la capacidad de generar y vivir en un estado libre de aflicción. Este estado de felicidad global es llamado *nirvana* en el budismo. Se trata de un estado de equilibrio, de profunda paz interior, de aceptación total, de satisfacción plena y de capacidad de adaptación. El Buda fue un humanista convencido. Creía por experiencia en la capacidad de la naturaleza humana de corregir el error de percepción que se halla en la raíz del sufrimiento y, por lo tanto, en la capacidad de experimentar un estado de dicha y gozo (*sukha*), originado por la plena aceptación y adaptación del organismo humano a su realidad. El camino hacia el bienestar comienza con el reconocimiento del malestar, con el descubrimiento de sus causas y con la confianza en que el restablecimiento del equilibrio es posible. Después, y quizá lo más importante, hay que seguir un tratamiento, un camino de salvación.

La verdad del camino que conduce desde la aflicción hasta su liberación. El tratamiento propuesto por el Buda no va dirigido solo a la disolución de los síntomas, sino a la disolución de las causas profundas, a saber, el error de percepción —igno-

rancia— que impide a los seres humanos adaptarse perfectamente a la realidad y vivir en ella en un equilibrio dinámico.
Este tratamiento abarca los tres aspectos fundamentales de la
actividad humana: mente, palabra y cuerpo. Tradicionalmente,
el tratamiento o camino budista reviste ocho campos de acción
conocidos como Óctuple Sendero.

Visión correcta. En primer lugar, la mente humana debe
corregir los errores de percepción (o de procesamiento de la
información, en lenguaje cibernético) a fin de que la representación mental subjetiva coincida perfectamente con la realidad
objetiva. Esta corrección se lleva a cabo mediante una reflexión
adecuada sobre el verdadero carácter de la realidad y pone en
funcionamiento la capacidad autorreflexiva y autocorrectora
de la conciencia. Por ejemplo, frente a la ilusión de inmortalidad y de permanencia individual, el yo-autoimagen debe aceptar su propia mortalidad y la impermanencia de toda forma
como realidad evidente con la que el ser humano debe vivir en
armonía.

Otro ejemplo: frente al apego terco al yo y a lo mío, la mente
debe ver y aceptar la interrelación y la interdependencia básica
que une a todos los seres vivientes. Si no se corrige la visión
errónea que se halla en el origen del desequilibrio, aunque eventualmente se consigan camuflar o esconder los síntomas, el
desequilibrio brotará de nuevo en una u otra forma.

Intención correcta. La intención correcta se refiere al propósito de (y en) la vida. El ser humano necesita comprender el
propósito de su vida con el fin de ajustar su intención indivi-

dual a dicho propósito. El sentido del propósito de la vida universal y de la vida individual es una fuerza unificadora que actúa como eje central y principio rector de todas las funciones, tanto a nivel subatómico como celular, emocional, mental y espiritual. La pérdida del propósito individual, por el contrario, actúa como una fuerza disgregadora que convierte en caótico el funcionamiento del ser humano, desordenando lo que la intención correcta ordena. Podemos afirmar que muchas de las angustias y ansiedades extendidas entre un gran número de habitantes de las grandes ciudades tienen su origen en una pérdida del sentido de la propia existencia individual, y de la desconexión de esta con la vida cósmica. La intención correcta solo puede surgir de la visión correcta. Por ello, si la percepción de la realidad no es correcta, la intención individual no puede adaptarse al propósito universal y fruto de ello es el desequilibrio, la enfermedad, el dolor, la angustia y el malestar.

Palabra correcta. La palabra es la expresión verbal de la intención. La palabra tiene el poder de matar o de dar vida, de herir o de sanar, de dañar o de curar el dolor. Los chamanes, los sanadores más antiguos de la humanidad, utilizan la vibración sonora como vehículo de su intención sanadora. La palabra correcta es aquella que crea orden y percepción clara en la mente, tanto del que la emite como del que la recibe. La palabra expresa la propia visión e intención y, a la inversa, a través de las palabras podemos transformar nuestra visión e intención, así como las de los demás.

Conducta correcta. La conducta es la expresión corporal de la visión y de la intención. Todo comportamiento presupone una determinada visión de sí mismo y de la vida. Detrás de los hábitos nocivos, origen de enfermedades y desequilibrios, se halla una percepción errónea de la realidad y una incapacidad de adaptarse a ella. En Occidente, la psicología conductista sigue predominando, pero esta escuela olvida, demasiado a menudo, que detrás de cada conducta hay una visión y que es imposible transformar la conducta si no se transforma la visión.

Medio de vida correcto. El modo de vida —cómo procuramos nuestro sustento— manifiesta nuestra relación tanto con el ecosistema como con el sistema sociocultural en el que vivimos. A su vez, esta relación es la manifestación de nuestra visión de la realidad. El hecho actual es que, debido a un error de percepción, la cultura humana se ha separado y está en lucha con el ecosistema original del que ha surgido y que la sustenta.

Esta disociación entre cultura y naturaleza desgarra el interior de los individuos humanos, quienes necesitan insertarse en el sistema cultural y, al mismo tiempo, mantener una relación correcta con el medio natural del que surgen los nutrientes básicos de su vida. Esta disociación es la causa de la crisis ecológica global y, al mismo tiempo, de muchas disfunciones biológicas, emocionales y mentales en el interior de cada individuo; por lo cual restablecer un medio de subsistencia justo, que permita al individuo insertarse felizmente, tanto en el sistema sociocultural como en el ecosistema, es fundamen-

tal para acabar con gran parte de la angustia y de las enfermedades del mundo desarrollado.

Esfuerzo correcto. En todo proceso existencial, la voluntad
de trabajar para el propio bien y el bien común, así como la
perseverancia en la tarea, son fundamentales para concluir dicho proceso con éxito. El esfuerzo natural forma parte de la
existencia. Nuestra felicidad no es un regalo de los dioses, ni
compete exclusivamente al papá Estado. No somos sujetos pa-
sivos, sino sujetos dotados de conciencia y sentido de la responsabilidad. Por lo tanto, no podemos dejar la responsabilidad de nuestro bienestar en manos de los especialistas ni de
la tecnología ni de los maestros espirituales.

Atención correcta. Como ya hemos visto, el zen concibe la
ignorancia como un «error de percepción». En la base de este
error se encuentra una atención incorrecta.

Meditación correcta. La meditación *zazen* es el «laborato-
rio» que reúne las condiciones adecuadas para cultivar la atención consciente y, por ende, corregir los errores de percepción
que constituyen la causa profunda de todos los desarreglos y
desequilibrios.

Finalmente, el Óctuplo Sendero se resume en los tres principios básicos del Dharma del Buda: *conducta ética* (que incluye la palabra justa, el comportamiento justo y el modo de
vida justo), *meditación* (que incluye el esfuerzo justo, la atención justa y la concentración justa) y *sabiduría* (que incluye la
intención justa y la visión justa).

El nirvana

A la edad de 80 años y sintiendo que su final se acercaba, el Buda Shakyamuni expresó a Ananda —su primo y asistente personal durante 30 años— su deseo de visitar por última vez su tierra natal. Partieron, pues, desde Rajagriha, la capital del reino de Magadha (en el que Shakyamuni había vivido la mayor parte del tiempo). Shakyamuni y sus discípulos habían adoptado la vida errante y continuamente viajaban a pie de un lugar otro. Las instituciones monásticas budistas, las más antiguas de la historia, aún no existían. El viaje fue agotador para Shakyamuni, que ya se encontraba enfermo, afectado tal vez por trastornos digestivos serios. Poco antes de llegar a Kapilavastu, mientras se encontraban en la aldea llamada Pava, cercana a la ciudad de Kushinagara, el Buda se sintió muy indispuesto y pidió descansar. En Pava vivía un herrero llamado Cunda, que era seguidor del Buda. Al saber que el maestro se encontraba cerca e indispuesto, tal vez próximo a la muerte, le invitó junto a su séquito a pasar la noche en su casa y le ofreció una comida especial, que fue la última del Buda.

Sea como fuere, después de ingerir la comida que le fue ofrecida, Shakyamuni sintió que su fin era inminente, se recostó entre dos árboles y, accediendo a los estados de meditación profunda a los que estaba habituado, entró apaciblemente en la cesación final, conocida en el budismo como *maha parinirvana,* o gran extinción. Sus últimas palabras fueron:

Finalmente todo perece.

No perdáis vuestro tiempo.

Dedicad vuestra energía a la búsqueda de la Vía.

Su cuerpo fue incinerado y sus restos en forma de huesos y cenizas fueron distribuidos como reliquias entre los reyes de los ocho estados en los que Shakyamuni había predicado su camino. Para venerar estas reliquias se construyeron las primeras estupas o pagodas budistas.

El budismo en la India

Tras la muerte del Buda Shakyamuni, su enseñanza fue transmitida oralmente, de generación en generación, por sus discípulos. Entre los siglos III a.C. y I d.C., estas enseñanzas fueron puestas por primera vez por escrito en lengua pali, en la colección conocida como *Tipitaka,* o Tres Cestas.

Diferentes escuelas fueron surgiendo a lo largo del tiempo, cristalizadas alrededor de interpretaciones diversas de la enseñanza original. El budismo se extendió por toda el Asia central y el sudeste asiático[2] y, siguiendo la Ruta de la Seda, penetró en China alrededor del siglo II d.C. Un movimiento progresista y renovador emergió en la India a partir del siglo I y se consolidó en el siglo III: la vertiente Mahayana (Gran Vehículo), caracterizada por una mayor universalidad y una gran adaptabilidad de las enseñanzas a las nuevas culturas no hinduistas.

El budismo en China

A partir del siglo II, muchos monjes budistas indios afiliados a diversas escuelas viajaron a través de la Ruta de la Seda hasta el corazón de China, llevando con ellos los principales *sutras*, que progresivamente se fueron traduciendo al chino. Pero, durante muchos siglos, los chinos consideraron el budismo como una religión extranjera y ajena a su idiosincrasia.

A mediados del siglo VI llegó a China un monje de origen cingalés llamado Bodhidharma, a quien la tradición zen considera como el vigésimo octavo sucesor del Buda Shakyamuni e introductor en China de la escuela de *dhyana* o zen.

Según las palabras que se le atribuyen, lo que Bodhidharma llevó a China fue:

> Una transmisión especial independiente de las escrituras,
> no basada en la comprensión intelectual.
> Contemplando directamente la propia mente
> se realiza la verdadera naturaleza original
> y se alcanza el despertar del Buda.

Aunque no existen evidencias históricas de la existencia real de Bodhidharma,[3] lo cierto es que se convirtió en la figura fundadora de la escuela zen en China y actuó como símbolo de las características específicas de esta con respecto a las otras escuelas budistas ya existentes.

Seis generaciones después de Bodhidharma, el budismo zen se extendió por China gracias al maestro zen chino Hui-Neng. Cinco escuelas zen surgieron de su tronco: Igyo, Hongen, Soto, Unmon y Rinzai.[4]

De estas cinco escuelas chinas, solo dos llegaron a Japón: Soto y Rinzai. Las otras tres se extinguirían en China.

El zen en Japón

El budismo fue introducido en Japón en el año 552 gracias a unos monjes coreanos que visitaron a la emperatriz Suiko (que reinó entre 592-628) y le ofrecieron una estatua del Buda y varios *sutras* budistas. Su sucesor, el príncipe regente Shotoku, unificó Japón y fue el artífice de que el budismo se convirtiera en la religión oficial de la nación. Promulgó la primera Constitución de la historia del país, basada en los principios de paz, justicia, bondad y armonía como valores apropiados para lograr la felicidad y el beneficio del pueblo.

Durante los siglos VIII-IX hubo un intento de implantar el zen en Japón. La emperatriz Tachibana Kachiko invitó al monje zen chino I-k'ung a Japón. Sin embargo, estos esfuerzos no tuvieron éxito y durante los tres siglos siguientes no hubo más actividad zen.

Los primeros pasos en el establecimiento de la escuela zen Rinzai en Japón se debieron a Myoan Eisai (1141-1215), maestro budista de la escuela Tendai. Un siglo después de que el último monje budista japonés visitara China, Eisai viajó al imperio de los Song y se quedó impresionado de lo amplia que era la expansión del zen. Regresó a Japón con gran número de escrituras Tendai a cuyo estudio se dedicó durante los siguientes veinte años. Veintidós años después regresó a China con el propósito de realizar un viaje de peregrinación hasta las fuentes del budismo en la India. No obstante, el encuentro con el maestro zen rinzai Hsü-an Huai-ch'ang (Koan Esho, en japonés) cambió sus planes. Después de varios años aprendiendo la meditación zen con su maestro, recibió de él el sello de la sucesión y regresó a Japón para trasplantar el linaje zen rinzai en su país.

Su principal discípulo y sucesor japonés fue Ryonen Myozen (1184-1225), quien más adelante sería el primer maestro zen del monje japonés Eihei Dôgen, verdadero artífice de la implantación de la escuela Soto zen en Japón.

Eihei Dôgen (1200-1253)

Ninguna personalidad religiosa en la historia de Japón ha inspirado tanto interés y admiración como el maestro zen Dôgen Kigen (1200-1253). Su pensamiento alcanza cotas de tal profundidad que todos los filósofos se sienten atraídos por la magnitud de sus planteamientos y sentencias.

Nació en el seno de la familia Fujiwara, perteneciente a la nobleza. Su padre, Minamoto Michichika, murió cuando Dôgen tenía dos años y su madre, Ishi Motofusa, cuando tenía siete. Fue su madre quien, en su lecho de muerte, lo insta a hacerse monje, a renunciar al mundo y a trabajar por el bien de todos los seres vivientes. Mientras contemplaba las volutas del humo del incienso durante el funeral de su madre, el joven Dôgen tiene su primera comprensión profunda de la transitoriedad de todos los fenómenos y se despierta en él el anhelo de alcanzar la realidad más profunda de la existencia.

A los 12 años recibe la ordenación monástica en la tradición Tendai, con el nombre de «Dôgen»: origen de la Vía. En el monasterio del monte Hiei-san se consagra al estudio de las escrituras y a una práctica religiosa intensiva. No obstante, cinco años después, su espíritu continúa inquieto porque no consigue responder a sus preguntas fundamentales acerca del significado de la práctica budista.

En 1217 ingresa en el monasterio Kenninji, cuyo abad, el maestro Ryonen Myozen, enseña las tres doctrinas: la doctrina abierta (basada en los *sutras* mahayanas), la doctrina secreta (basada en los ritos tántricos) y la doctrina de la mente (meditación zen).

Después de cinco años de estudio bajo la dirección de Myozen, recibe de este el sello de la sucesión en la línea rinzai zen y decide viajar a la China de los Song para estudiar directamente el zen con los maestros chinos. Su maestro Myozen decide acompañarlo en el viaje.

En el año 1223 viaja, pues, a China y durante varios años recorre el país visitando a distintos maestros y monasterios hasta que dos años después se encuentra con el maestro soto Ju-ching

(Nyojo, en japonés) en el monasterio del monte T'ieng-T'ung (Tendo, en japonés), bajo cuya dirección practica y estudia el zen. Dos años más tarde, Tendô Nyôjo confirma la iluminación de Dôgen otorgándole el sello de la sucesión. Aún permanece Dôgen dos años más con su maestro hasta que en 1227 regresa a Japón.

Durante los siguientes años enseña los principios de la práctica a un grupo de discípulos cada vez más numeroso. En 1243 funda el templo Eihei-ji, en la provincia de Echizen, que se convertirá en el principal monasterio de la escuela Soto zen japonesa.[5]

Su principal discípulo y sucesor en el monasterio Eiheiji fue Koun Ejô (1198-1280), a quien debemos el precioso trabajo de recopilar las enseñanzas de su maestro en distintas colecciones.

Aunque Eihei Dôgen fue quien plantó las semillas y cuidó las raíces de la escuela Soto zen en Japón, fue Keizan Yôkin, uno de sus sucesores de tercera generación, quien sentó las bases para que la escuela Soto zen se extendiera por todo el país hasta convertirse en la principal y más influyente escuela budista durante los cinco siglos siguientes.

La influencia del zen en el arte, la cultura y la religiosidad japoneses

El zen ocupa un lugar central en la historia artística, cultural y religiosa de Japón. Durante los periodos Nara y Heian, las influencias budistas permitieron a Japón alcanzar un alto nivel de desarrollo cultural, social, político y religioso. El zen llegó a Japón desde China en el periodo Kamakura y se extendió con profundidad en el periodo Tokugawa (1600-1868). Al final de esta época, con la decadencia de los Tokugawa, la influencia budista dejará de ser dominante. Con la era Meiji, y la apertura de Japón a las influencias y al comercio exterior, comienza la historia del Japón moderno.

En la historia japonesa, el casi medio milenio en el que la influencia del zen fue dominante supuso un tiempo de extraordinario desarrollo cultural y espiritual. Aunque es una exageración atribuir todo el valor cultural japonés al zen, es verdad que el zen es el logro cultural y religioso más característico del país del Sol Naciente. Además, como afirma el historiador J. W. Hall: «Las formas artísticas y los valores estéticos que en la actualidad son más admirados por los japoneses y por los extranjeros fueron creados en los siglos XIV y XV».

Llama la atención las diferentes influencias que la cultura zen ha tenido sobre los dos gigantes del este de Asia: China y Japón. En China, el arte zen y su estética única representan una importante contribución cultural a la milenaria civilización china; en Japón, la cultura entera es penetrada por el zen. Durante 500 años el clima intelectual y espiritual de Japón llevó la marca distintiva del zen. Japón vivió empapado en el zen.

En el conjunto de la historia religiosa de la humanidad encontramos pocos ejemplos de lazos tan estrechos entre religión y cultura.

Los siete principios de la estética zen articulados por Hisa-matsu Shin'ichi[6] impregnaron gran parte de las manifestaciones artísticas y culturales japonesas, como se puede seguir apreciando en la arquitectura, interiorismo, jardinería (*karen sansui*), ceremonia del té (*chanoyu*), arreglo floral (*ikebana*), pintura al aguatinta (*sumie*), caligrafía (*shodo*), poesía (*haiku*), teatro (*noh*), cocina (*shojin reirin*), artes marciales (*bushidô*), etcétera.

El zen en Occidente

Hace relativamente poco tiempo que los occidentales hemos comenzado a mostrar interés por el zen y a practicarlo con interés y constancia sinceros.

En América del Norte, el zen fue conocido a principios de siglo, especialmente en la costa Oeste, donde llegaron los primeros monjes zen dentro de la importante inmigración japonesa. Después de la Segunda Guerra Mundial, debido a la ocupación americana de Japón, muchos americanos entraron en contacto directo con la tradición zen japonesa e importaron a su país un gran número de libros y experiencias. Por esta época, coincidiendo con la llamada *beat generation,* D. T. Suzuki comenzó a publicar un importante trabajo de erudición sobre el zen y sus libros se hicieron muy conocidos en Estados Unidos y en Europa, especialmente en Gran Bretaña, Alemania y Francia. Pero fue con la llegada de verdaderos maestros zen japoneses cuando comenzaron a asentarse en Occidente los principios básicos del budismo zen. En Estados Unidos, Shumryu Suzuki Roshi creó un importante centro en San Francisco, desde el que sus discípulos continúan desarrollando un trabajo serio de práctica y difusión basado en un modelo ampliamente abierto a los practicantes laicos. En la actualidad, más de 20 centros y 3 monasterios dependen de los sucesores de Suzuki Roshi.

En Los Ángeles, Maezumi Roshi hizo famoso el Centro Zen de Los Ángeles (ZCLA) y su figura ocupa un lugar destacado en la historia del zen en América.

En Europa, Taisen Deshimaru Roshi, fallecido en 1982, es considerado por unanimidad como primer patriarca Soto zen de Europa. Tras 15 años de misión, sus discípulos están repartidos por todo el continente como responsables de más de 200 centros zen. En la época actual se puede decir que todas las principales capitales europeas cuentan con un *dojo* (centro) destinado a la práctica de zazen.

Podríamos ver en la historia reciente del zen en Occidente tres fases bien marcadas:

- Llegada de eruditos y libros zen japoneses. Interés inicial en ciertos círculos intelectuales de Occidente.
- Llegada de maestros zen japoneses. Se inicia el contacto real con la transmisión zen y con la práctica. Aparecen los primeros monjes zen occidentales.
- Aparecen las primeras generaciones de maestros zen occidentales. En esta fase nos encontramos ahora.

Un punto importante que debe ser comprendido es el gran valor de la verdadera transmisión de la enseñanza budista zen. Esta solo puede darse de un maestro auténtico a sus discípulos. Este es el zen del que habla este libro. Por eso, no me ocupo aquí del mal llamado «zen» que ha surgido en Occidente, totalmente ajeno a la transmisión y que utiliza algunos aspectos prácticos, estéticos o filosóficos del budismo zen, adaptados a intereses personales, ideológicos o religiosos.

Hoy día, los occidentales podemos saber qué es el zen y cada vez son más las personas que integran la práctica de la meditación en zazen con sus actividades diarias. Un gran número de profesores, artistas, doctores y gente de toda condición social ven en la práctica y en el arte de vivir el zen una bocanada de aire fresco para su vida cotidiana y una semilla de renovación integral para las civilizaciones occidentales.

2. Acercamiento a la experiencia zen

Técnica, actitud y motivación

La esencia del budismo zen es la práctica de la meditación llamada zazen. En japonés, *za* quiere decir 'sedente' y *zen,* 'recogimiento o absorción'.[1] Zazen es, pues, el recogimiento interior que se practica en la postura sedente. En un primer acercamiento, zazen es una técnica de meditación en la que los detalles concretos, técnicos, son muy importantes. No obstante, zazen es mucho más que una técnica de meditación. El maestro Dôgen lo expresó así en el *Fukanzazengi* («Para la difusión universal de los principios del zazen»):

> El zazen del que yo hablo no es una técnica de meditación. Es la Puerta de la Paz y de la Felicidad. Es el Despertar Perfecto. Zazen es la manifestación de la Realidad Última. Las trampas y las redes del intelecto no pueden atraparlo. Una vez que hayas com-

prendido su esencia serás como un tigre cuando penetra en la selva y como un dragón cuando se sumerge en lo más profundo del océano.[2]

Los aspectos técnicos de la meditación zen deben ser abordados con la actitud interior y la motivación adecuadas a fin de obtener los resultados esperados. Aquel que quiera iniciarse en la práctica de la meditación zen debe reflexionar primero e indagar acerca de sus motivaciones. ¿Por qué quiero practicar zazen? ¿Qué pretendo conseguir? ¿Cuál es mi objetivo? El *kyudo*, o tiro con arco japonés, es un arte marcial muy influenciado por el espíritu del zen. En la tradición del *kyudo* se dice que un error de un centímetro cuando la flecha parte del arco se convierte en un error de varios metros cuando la flecha alcanza la altura del blanco.

En la práctica del zen, la actitud interior y la motivación son la flecha adecuadamente apuntada antes de separarse del arco. Si la actitud interior y la motivación no son correctas, la flecha no puede alcanzar realmente el blanco o el propósito de la práctica. Por ello, antes que nada, es muy importante que se reflexione y se sopese la verdadera motivación por la que se quiere emprender la práctica de la meditación.

A continuación voy a desarrollar algunas reflexiones con el fin de suscitar en el lector la motivación adecuada con la que abordar la práctica de la meditación zen.

La búsqueda de la felicidad

¿Por qué sentarse en zazen? ¿Para qué meditar? Desde un punto de vista más amplio, ¿por qué hacemos lo que hacemos en nuestra vida cotidiana? ¿Qué es lo que nos mueve a trabajar, a buscar pareja, a viajar, a comprar una casa, a tener hijos, a leer o gozar del cine? Se podría decir que cada persona tiene sus propias motivaciones particulares, pero en todas ellas encontramos un factor común: todos perseguimos la felicidad. Esta parece una verdad manida por evidente, pero es importante no olvidar que el objetivo último de todas nuestras acciones no es otro que el de sentirnos bien, mejor, más satisfechos, en definitiva, más felices, independientemente de cómo defina o conciba cada uno este estado de felicidad. Todo organismo tiende hacia un estado de estabilidad dinámica conocido como homeostasis. El universo entero, la vida misma, la biosfera tienden hacia este estado de estabilidad dinámica. Los seres humanos experimentamos este estado de homeostasis como felicidad. Dado que este estado no es estático sino dinámico, nos vemos forzados continuamente a buscar la felicidad o a permanecer en la felicidad encontrada. Por ello anhelamos amar y ser amados, trabajar, conseguir dinero, una casa agradable, un coche cómodo, vacaciones, etcétera. La búsqueda continuada de este estado de felicidad en tanto estabilidad dinámica es una de las motivaciones más profundas de nuestra existencia. Así es la naturaleza de la vida humana: buscamos un estado de existencia placentero y gozoso.

Buscamos satisfacción y felicidad. Este es el motor que nos mueve.

El Buda Shakyamuni enseñó que existen tres niveles de intensidad en la experiencia del placer-gozo-felicidad.

El placer-gozo sensorial

En primer lugar experimentamos el placer-gozo sensorial. Somos seres sensoriales. Somos un cuerpo dotado de cinco órganos sensoriales: ojos, oídos, nariz, lengua y piel (en tanto órgano del tacto). A través de estos cinco órganos percibimos sensaciones visuales, auditivas, olfativas, gustativas y táctiles. Y el encuentro de los órganos sensoriales con sus correspondientes objetos sensoriales hace que aparezcan las cinco conciencias sensoriales. Como seres sensitivos preferimos experimentar sensaciones agradables. En esto somos parecidos a todos los seres vivos, incluidas las plantas. Cuando percibimos sensaciones agradables experimentamos placer-gozo sensorial. Esto forma parte de nuestra naturaleza humana. No hay nada erróneo en el hecho de buscar experiencias sensoriales agradables que procuren un estado de placer y de gozo sensorial. Algunas tradiciones religiosas condenan la búsqueda del placer sensorial o corporal. Esto es ir contra la naturaleza humana misma. Cuando la búsqueda del placer-gozo sensorial es reprimida y negada aparecen los comportamientos patológicos o perversiones. El budismo zen no niega ni rechaza las experiencias sensoriales placenteras. Ningún ser humano, ningún ser sensible quiere experimentar sensaciones desagradables o dolorosas. La búsqueda del placer-gozo sensorial es natural, digna y legítima. Ni siquiera a las plantas les gusta ser maltratadas. No son felices cuando no reciben alimento y, por el contrario, se vuelven bellas, felices y pletóricas cuando son cuidadas por manos amigas, cuando son regadas adecuadamente, cuando reciben la cantidad de sol apropiada. A su manera, ellas saben también lo que es un estado de bienestar y de felicidad.

No obstante, no somos solo seres sensoriales. Es un tremendo error de cálculo pretender alcanzar un estado de felicidad estable que tenga como base exclusivamente las percepciones sensoriales. Las experiencias de felicidad sensorial son muy inestables porque se basan en percepciones cuya naturaleza es fugaz e inestable. Si sale el sol y nos calienta con suavidad, nos sentimos bien; pero si de pronto aparece una nube, nuestro bienestar desaparece de inmediato. Por lo tanto, aunque natural y legítimo, el placer-gozo sensorial es limitado y proporciona una experiencia de felicidad limitada. Limitada a lo sensorial.

El placer-gozo emocional-psicológico

Nuestro anhelo de felicidad no puede ser colmado exclusivamente con sensaciones agradables. Somos seres dotados de sentimientos y también de un mundo interno muy rico y complejo, hecho de representaciones mentales, conceptos, símbolos, recuerdos, proyectos. Necesitamos sentirnos dignos y apreciarnos a nosotros mismos. Cuando esta cualidad de autoestima está presente, nos sentimos bien con nosotros mismos. Además, necesitamos amar a los demás y sentirnos amados por ellos. Nos sentimos bien cuando amamos o nos sentimos amados, cuando apreciamos a las personas y el mundo que nos rodea y nos sentimos apreciados.

Dentro de esta categoría de placer-gozo emocional-psicológico entraría también nuestra tendencia innata hacia la belleza, hacia el arte, hacia la armonía de las formas. El gozo que procura la experiencia de la belleza, ya sea plástica, musical, táctil, gustativa u olfativa, es una característica específicamente humana. Como seres humanos buscamos la felicidad que procura la contemplación de la belleza.

Por otra parte, como seres psicológicamente complejos y dotados de conciencia necesitamos dar un sentido a nuestra existencia. Nos sentimos dichosos y satisfechos cuando nos damos cuenta de que nuestra existencia tiene un sentido y de que estamos siendo fieles a ese sentido. Nos sentimos a gusto cuando trabajamos en lo que queremos, cuando nos realizamos como personas en el cumplimiento de nuestro propósito de vida. Si realmente queremos ser felices, no podemos negar nuestros sentimientos ni renunciar a este aspecto emocional y psicológico de la felicidad. Por lo tanto, la búsqueda del placer-gozo psicológico también forma parte de nuestra naturaleza humana; y todo lo que contribuye a un mayor placer-gozo emocional-psicológico ayuda a la realización de nuestro propósito de vida.

No obstante, es igualmente un error de cálculo creer que la felicidad emocional-psicológica puede colmar nuestro anhelo de felicidad. Asimismo, los estados de felicidad emocional son frágiles y temporales. No duran. Su naturaleza es inestable. Por ejemplo, si la persona a la que amamos nos corresponde, nos sentimos felices. Pero si, por las razones que sean, esa persona deja de amarnos, nos sentimos desgraciados. Aunque no lo queramos, tarde o temprano, experimentamos emociones dolorosas. Es imposible permanecer en un estado permanente de felicidad emocional o psicológica, ya que este tipo de felicidad está tan condicionada como la experimentada a través de los sentidos. Condicionada quiere decir que depende de múltiples factores o condicionantes. Dado que todos los factores condicionantes de la felicidad sensorial y de la emocional-psicológica son frágiles y fugaces, estos tipos de felicidad conllevan en su propia naturaleza su fragilidad y no permanencia. Es decir, son inestables.

El placer-gozo suprasensorial

Nuestra sed de felicidad no puede encontrar satisfacción atendiendo exclusivamente a las experiencias sensoriales y emocionales-psicológicas, como hemos visto. Dado que nuestro anhelo es un estado de felicidad más estable y duradero, menos sometido a las contingencias espaciales y temporales, nuestra búsqueda de la felicidad rebasa los límites de la sensorialidad y de los sentimientos.

¿Podemos experimentar algún gozo-felicidad más allá de lo sensorial y de lo emocional-psicológico-mental? La percepción materialista de la realidad nos dice que no; que todo lo que un ser humano puede experimentar está limitado al cuerpo y a la mente y que más allá no hay nada. Sin embargo, para la tradición zen la experiencia de la verdadera felicidad que colma todos los anhelos sucede precisamente cuando los seres humanos nos desidentificamos del cuerpo y la mente y accedemos a la realización del verdadero Sí Mismo, es decir, de nuestra naturaleza original, que en el budismo es llamada naturaleza de Buda.

El maestro Eihei Dôgen distingue el Sí Mismo, la individualidad biológica y el yo-autoimagen.

El Sí Mismo original (*jiko,* en japonés) es nuestra verdadera naturaleza, que existe antes de la aparición de la individualidad cuerpo-mente (nacimiento) y que continúa existiendo después de la desaparición de esta (muerte). La naturaleza de este Sí Mismo es el vacío, es decir, un estado de ser que no puede aprehenderse por los sentidos ni por las categorías mentales.

La individualidad psicosomática (*ji,* en japonés) es el cuerpo-mente, un organismo que aparece durante el nacimiento y que desaparece con la muerte.

El yo-autoimagen (*ga,* en japonés) es la autoconciencia asociada con la individualidad psicosomática. Es el ego, en términos psicoanalíticos, o la estructura de carácter en términos bioenergéticos. El yo-autoimagen no surge con el nacimiento biológico, sino con el nacimiento psicológico que se produce durante los tres primeros años de vida y está sujeto a múltiples transformaciones a lo largo de la existencia.

En general, cuando usamos el pronombre personal «yo» (*ware,* en japonés) nos estamos refiriendo a la individualidad psicosomática y al yo-autoimagen. Esto es, identificamos el ser que somos con la individualidad psicosomática y con la autoimagen. Por ello creemos erróneamente que nuestras experiencias de gozo-felicidad están limitadas a ese «yo» que creemos ser.

Sin embargo, la experiencia de la iluminación tal y como se vive y se enseña en el zen es algo que se da más allá del «yo»; es la realización de nuestro verdadero Sí Mismo. A la realización del verdadero Sí Mismo se la llama iluminación porque va acompañada de una claridad suprasensorial, una claridad no perceptible por los sentidos (aunque a veces incluso puede ser percibida por los sentidos, sin que su naturaleza deje de ser suprasensorial). Esta claridad es llamada Clara Luz (*kômyô,* en japonés). No es que aquel que alcanza la iluminación «vea» luz, sino que se «vuelve» luz, es decir, su experiencia interna es la de volverse uno con algo que, a falta de otra metáfora más adecuada, llamamos luz, aunque un observador externo siga viendo su cuerpo en su forma habitual.

La claridad interior es uno de los atributos de la experiencia de iluminación. Otro es el gozo y la felicidad (*jijuyu,* en japonés; *sukha,* en sánscrito), un estado de dicha y deleite, semejante a un rapto o embeleso que puede ser más o menos duradero según la madurez y la profundidad del meditador. Cuando este

estado de claridad y gozo suprasensorial emerge en la conciencia del meditador, todas las demás experiencias de gozos
sensoriales, emocionales, psicológicos y mentales palidecen
y adquieren una importancia relativa.

Frente al océano de luz y gozo que embarga al ser cuando
reconoce su verdadera naturaleza, los placeres sensoriales,
corporales, emocionales y psicológicos son pequeñas gotas de
agua que aparecen y desaparecen en la presencia continua del
océano.

Esta es la experiencia de gozo-felicidad a la que aspira todo
ser humano, aunque algunos ni siquiera osan imaginar que pueda existir algo parecido; y menos aún que esta dimensión del
ser pueda ser experimentada por cualquier ser humano, puesto
que este océano de luz y gozo constituye la naturaleza misma
de la existencia humana y de cualquier forma de existencia, ya
sea animal, vegetal o mineral.

Aunque esta experiencia está generalmente asociada a los
santos y a los sabios, el potencial de realizarla se encuentra en
todos los seres humanos. La práctica del zen es una tecnología
espiritual al servicio de esta experiencia.

La realidad del dolor

A pesar de que todas las formas de vida aspiran a un estado
de gozo-felicidad estable y duradero, la experiencia que más
a menudo encontramos todos por igual es la del dolor y el su-

frimiento. La experiencia del dolor y el sufrimiento es tan universal que los seres humanos la compartimos tanto con los animales como con las plantas.

En el budismo se distinguen dos aspectos en la experiencia de dolor. Hay un aspecto del dolor que es consustancial a la vida. Por ejemplo, el nacimiento es una experiencia dolorosa tanto para la madre como para el hijo. Puede ser más o menos dolorosa, según muchos factores, pero en general es una experiencia dolorosa. Evidentemente, podemos hacer que el nacimiento sea lo menos traumático posible, pero aun así sigue siendo una experiencia traumática. El crecimiento también va acompañado de malestar y de dolor, tanto corporal como emocional-psicológico. A lo largo de nuestra vida aparece a menudo la enfermedad, propia o de los seres queridos. Con el tiempo nos vamos haciendo viejos y perdemos facultades, lo que se traduce en más dolor, físico y emocional. Por último, aparece la muerte, tanto la propia como la de aquellos que nos rodean. Y estas experiencias inevitables producen dolor; así como también la pérdida del trabajo o de un ser querido, el ser abandonado por el esposo o la esposa, o tantas otras experiencias inevitables que forman parte de la existencia misma.

Existen, pues, ciertas experiencias dolorosas que son inherentes a la existencia humana. Si bien es cierto que los grandes avances en las ciencias están permitiendo reducir o evitar muchas de las situaciones dolorosas con las que se han encontrado nuestros antecesores, es ilusorio concebir una existencia humana exenta completamente de dolor. Hay un aspecto del dolor, el inevitable, ante el cual la única actitud adecuada es la de aceptarlo como un elemento más de nuestra vida.

Otras formas de dolor son, por el contrario, evitables, puesto que son creadas por el propio ser humano. ¿Por qué unas personas se derrumban en un abismo de dolor y otras, sin embargo, ante una misma situación, mantienen una actitud de calma y sobriedad? La diferencia no se encuentra en el suceso objetivo, sino en la percepción subjetiva. Esto nos lleva a descubrir que gran parte de las aflicciones que padecemos son generadas por nuestra propia mente.

Por otra parte, en el budismo se distingue el dolor del sufrimiento. El dolor es siempre una experiencia puntual que sucede en el presente y que tiene un principio y un final, como todo. Al dolor le sucede el placer; al malestar, el bienestar; al bienestar, el malestar; al placer, el dolor, en un círculo sin fin. No habría dolor sin placer ni placer sin dolor, puesto que dolor y placer son dos aspectos de la experiencia que se generan y se necesitan mutuamente. Sin dolor no habría placer y sin placer no habría dolor. Sabemos que el dolor es dolor porque sabemos que el placer es placer. Cuando llamamos a algo «dolor», lo estamos comparando con algo a lo que llamamos «placer». De esta forma, dolor y placer son inseparables. El dolor, tanto como el placer, es una experiencia que comienza y acaba. Entonces, el displacer se vuelve placer, como cuando nos duele terriblemente una muela, tomamos un calmante y media hora después ya no sentimos dolor y respiramos aliviados.

El sufrimiento, por su parte, es una rumiación mental de un dolor presente o ya pasado. Esto hace que el sufrimiento sea una experiencia que puede extenderse indefinidamente en el tiempo, ya que es la mente la que en el presente rumia o reconstruye de manera continua una experiencia dolorosa del pasado. Aunque muchas formas de dolor son inevitables, el sufrimiento es evitable si educamos nuestra mente y la mantenemos fijada en el presente inmediato.

Así como existen tres niveles de intensidad en la experiencia de gozo-felicidad, también existen tres niveles de dolor o malestar.

El dolor físico-sensorial

Somos un cuerpo dotado de un sistema nervioso sensible y de cinco conciencias sensoriales. A través de ellos podemos experimentar infinidad de sensaciones agradables que se encuentran en la base de nuestro estado de felicidad sensorial, pero también a través de ellos experimentamos sensaciones desagradables o muy desagradables, e incluso dolorosas. Es inevitable que a lo largo de toda una vida nos encontremos continuamente con sensaciones desagradables o dolorosas. Ni siquiera en el más feliz de los mundos podemos imaginar la erradicación completa y absoluta de las sensaciones desagradables y dolorosas.

El dolor emocional-psicológico

Los seres humanos, a diferencia de los animales, somos seres altamente emocionables; estamos dotados de una estructura psicológica, llamada personalidad; sentimos un especial apego por nuestra autoimagen, y hemos desarrollado una herramienta de supervivencia única: la mente representativa que se expresa a través del lenguaje.

El bienestar emocional, psicológico y mental forma parte de nuestro anhelo de felicidad, pero, al mismo tiempo, gran parte de nuestras experiencias dolorosas están relacionadas con nuestras emociones, con nuestra autoimagen y con nuestra forma de concebir la realidad.

¿Cómo funcionan nuestras emociones? Tanto el término «emoción» como el término «movimiento» tienen en su raíz la palabra latina *motus*. La emoción es la fuerza que nos pone en movimiento, la que nos hace actuar en un sentido o en otro. Aunque el número de emociones que un ser humano es capaz de experimentar es infinito, todas nuestras emociones pertenecen a tres familias:

- La familia del deseo.
- La familia del rechazo.
- La familia de la indiferencia.

La familia del deseo incluye lo que habitualmente se entiende por amor, la pasión, el ansia de posesión, la ambición, la avidez, el apego, la seducción, la avaricia, la codicia, etcétera.

La familia del rechazo incluye el odio, la aversión, la ira, etcétera.

La familia de la indiferencia incluye la abulia, la apatía, el aburrimiento, la pereza, la falta de impulso vital, etcétera.

Existe una íntima relación entre las sensaciones y las emociones. Por ejemplo, cuando consideramos que algo es sensorialmente agradable, aparece de inmediato el deseo de conseguirlo, y cuando lo hemos logrado, continúa el deseo de seguir experimentándolo. Y este deseo conduce fácilmente al apego o a la fijación en el objeto de nuestro deseo.

Por el contrario, cuando consideramos que algo es sensorialmente desagradable, aparece de inmediato el rechazo. Este puede convertirse fácilmente en aversión, y esta en odio y en ira.

Por su parte, cuando lo que experimentamos no nos resulta ni agradable ni desagradable sentimos un estado de indiferencia que puede conducirnos a la abulia, la apatía, la pereza, la desmotivación o el aburrimiento.

No hay básicamente ningún error en este mecanismo sensorial-emocional. En su origen es un mecanismo de supervivencia. En su estado natural, todo lo que amenaza la vida es considerado desagradable, odioso. Todo lo que facilita la vida es considerado agradable, ventajoso y hacia ello se dirige el deseo, principal fuerza motora de la existencia humana.

Por eso, mi maestro Taisen Deshimaru solía decir que nos pasamos la mitad de nuestra vida corriendo detrás de lo que nos resulta agradable y la otra mitad huyendo delante de lo que nos resulta desagradable, sin conocer la verdadera paz ni el descanso.

No obstante, como escribió el maestro Dôgen:

> Aunque las amemos, las bellas flores se marchitan.
> Aunque las odiemos, las malas hierbas crecen.

Esto es, no siempre podemos obtener lo que deseamos.

Desear es fácil y no cuesta nada. Satisfacer los deseos suele ser un poco más difícil y siempre hay que pagar un precio. Por ello, deseamos y deseamos sin darnos cuenta de que vamos acumulando un excedente de deseos no satisfechos. Esta acumulación de deseos insatisfechos se convierte en frustración, y esta es una forma de dolor emocional, evitable.

Por otro lado, no siempre podemos evitar aquello que resulta desagradable o doloroso. A veces no tenemos más remedio que aceptar el dolor o la aflicción en vez de luchar obstinadamente en su contra.

Con respecto a la mente representativa, gracias a ella creamos una imagen subjetiva del mundo. En el fondo no nos relacionamos con la realidad, sino con la imagen de esta que ha creado nuestro cerebro. Creemos que la realidad es lo que nuestro cerebro nos dice que es. Sin embargo, a veces la realidad no coincide con la imagen que nos hacemos de ella. Esta falta de coincidencia entre la imagen subjetiva y la realidad objetiva es causa de gran parte de nuestro dolor. Por ejemplo, cuando bajamos una escalera prestamos atención a los escalones. Nuestra conciencia visual registra el espacio y envía la información al cerebro. El cerebro calcula y da la orden de avanzar un paso de forma que nuestro movimiento coincida con el espacio real. Pero sucede a veces que no prestamos la atención debida, calculamos mal, es decir, nuestro cerebro comete un error de cálculo con respecto a la distancia y al movimiento necesario y, como consecuencia damos un mal paso, perdemos el equilibrio, caemos y, a veces, salimos contusionados. Esto es debido a una falta de coincidencia entre nuestra imagen subjetiva de la realidad y la realidad objetiva. Lo que acabamos de ver nos sucede a menudo en muchos aspectos de nuestra vida. El resultado es con frecuencia una experiencia desagradable, muy desagradable o bastante dolorosa.

El dolor existencial o esencial

Aunque consiguiéramos erradicar por completo todo tipo de experiencias desagradables, muy desagradables o dolorosas y fuéramos capaces de permanecer siempre en un estado de gozo-felicidad tanto sensorial y emocional como psicológico o mental (lo cual está bastante alejado de la realidad posible), es decir, aunque lográsemos permanecer en un continuo estado de felicidad sensorial, emocional, psicológica y mental, tarde o temprano nos encontraríamos con el rey del dolor, el mayor dolor de todos los dolores, la mayor aflicción de todas las aflicciones, con la ruina absoluta de nuestro hipotético negocio de felicidad; a saber, la muerte.

La muerte es el final de la individualidad psicosomática, de la personalidad, de la autoimagen, del yo. Cuando la muerte llega, el yo desaparece. Ningún yo puede sobrevivir a su propia muerte. Esto es un hecho.

Aunque tratemos de vivir como si eso no fuera con nosotros, todos sabemos que tarde o temprano vamos a morir. Sabemos que nuestra existencia individual tiene fecha de caducidad, un límite, un final. Quizá la especie humana sea la única especie animal que tiene autoconciencia de la propia muerte. Y la conciencia de la propia muerte es el mayor dolor de los seres autoconscientes que somos. Lo llamamos dolor existencial o angustia existencial. En general, y como también ha puesto de manifiesto la psicología occidental, esta angustia se encuentra profundamente escondida en lo más recóndito del inconsciente, protegida por complejos mecanismos de defensa psicológicos que impiden que aflore en nuestra vida cotidiana. Sin embargo, por muy escondida que esté, esta angustia es la causa y el motor secreto de gran parte de nuestro comportamiento y de nuestra actividad en el mundo. Exagerando, podríamos decir que vivimos para ocultar que la muerte es nuestro destino. Vivimos como si nunca fuéramos a morir. Vivimos creyéndonos inmortales, de espaldas a la realidad de nuestra finitud, construyendo sueños de inmortalidad.

Por ello nos cuesta reconocer hasta qué punto nos aterroriza la muerte. Tal vez ni nosotros mismos sepamos conscientemente hasta qué punto la negación de nuestra propia caducidad es el motor de nuestros actos.

Seamos conscientes o no de ello, el hecho es que por muy felices que seamos en este mundo, por hábiles que hayamos sido para burlar el dolor sensorial o emocional-psicológico, cuando llega el momento de morir tenemos que dejarlo todo: tanto placer como dolor, tanto felicidad como desgracia, tanto éxito como fracaso.

Dicen que el dios del tiempo nos concedió al nacer un crédito de instantes limitados. Conforme vamos viviendo vamos consumiendo el crédito. Llega un momento en el que el saldo de instantes es cero; entonces debemos entregar la vida.

Ningún sueño de inmortalidad, ninguna proyección ilusoria de supervivencia más allá de la muerte han conseguido a lo largo de la historia de la humanidad calmar o negar la angustia existencial que produce el carácter transitorio de nuestra vida. Muchas religiones lo han intentado y lo siguen intentando, pero los sueños de inmortalidad desaparecen con aquel que los ha albergado.

Resulta paradójico que siendo el anhelo de felicidad el impulso básico que nos mueve, al mismo tiempo la experiencia del dolor y del sufrimiento sea la más universal, la que nos iguala a todos los seres humanos, la más extendida, al parecer. ¿Por qué puede ser esto? ¿A qué puede deberse? ¿Hay algún tipo de error en la vida humana? ¿Somos acaso el producto de un dios sádico y loco que al mismo tiempo que nos inocula el virus de la sed de felicidad nos crea impotentes para alcanzarla?

El origen del dolor

Desde el punto de vista de la experiencia y de la enseñanza del Buda, los seres humanos tenemos todo lo que necesitamos para acceder y permanecer en un estado de felicidad profunda y duradera. Todos estamos dotados con la naturaleza de Buda, es decir, con cualidades de conciencia, sabiduría, conocimiento y bondad innata. Todos somos budas en potencia y tenemos capacidad para ser budas en acto. La naturaleza de Buda se encuentra en lo más profundo de nuestra naturaleza humana. Es, de hecho, nuestra naturaleza humana dormida a la espera de ser despertada. Para ello necesitamos descorrer el velo que la oculta, que no es otro que nuestra propia ignorancia.

Desde el punto de vista de la enseñanza del Buda, la ignorancia es el origen de toda forma de dolor, tanto del que es evitable como del inevitable. ¿Cómo puede ser esto? Es la causa del dolor evitable porque debido a ella no lo evitamos. Es la causa del dolor inevitable porque debido a ella no aceptamos que el dolor inevitable es inevitable y lo convertimos en sufrimiento.

Por lo tanto, disolver la ignorancia de la propia mente es la tarea fundamental no solo de los seguidores budistas, sino de todo ser humano que aspire a la paz y la felicidad.

Ahora bien, ¿qué es esta ignorancia? En sánscrito, el término que la designa es *avidya*; en japonés es *mumyo*. Ambos designan la misma realidad: una mente poco clara, una mente oscurecida por una percepción errónea de la realidad. Con el término «ignorancia» me refiero al velo que empaña la conciencia humana y le impide tener un conocimiento claro y luminoso de la realidad. La ignorancia puede ser entendida, pues, como *conocimiento deficiente,* por impreciso y limitado, tanto del sujeto con respecto a sí mismo como del sujeto con respecto a la realidad. Ignoramos quiénes somos y qué es en verdad la realidad en la que vivimos; es decir, el conocimiento que tenemos de nosotros mismos y de la realidad es deficiente.

La ignorancia como causa básica del dolor

Este conocimiento deficiente es el resultado de un proceso cognitivo también deficiente, por impreciso y limitado. La disolución de la ignorancia, y por lo tanto del dolor y el sufrimiento, solo puede producirse por medio del conocimiento correcto de la verdadera naturaleza del yo y de la realidad.

A la experiencia de este conocimiento correcto se la llama en el budismo «iluminación». Esta iluminación no es un conocimiento ordinario, no tiene como base el pensamiento racional, la razón. Es más bien una «experiencia». No obstante, en la base de esta experiencia no se hallan las impresiones sensoriales. Más bien al contrario, esta experiencia solo aparece cuando el pensamiento racional y las impresiones sensoriales y emocionales han sido trascendidos.

Aunque he dicho que se trata de una experiencia, tendría que decir más apropiadamente que se trata de *la experiencia* por excelencia, ya que a través de ella la fuente de todo conocimiento que es la conciencia se conoce y se ilumina a sí misma.

3. ¿Qué es la conciencia?

Decía A. K. Coomaraswamy que: «a cada término psicológico en inglés le corresponden cuatro en griego y cuarenta en sánscrito». Esto refleja la profundidad del conocimiento sobre la conciencia alcanzado en las culturas hinduista y budista de la India.

En Occidente empleamos la sola palabra «conciencia» para cubrir una gran cantidad de significados. En sánscrito existen numerosos términos que sirven para designar diferentes aspectos de la conciencia. Voy a centrarme en el término *citta*, que podría ser traducido como 'la capacidad o la facultad de conocer, es decir, aquello que nos capacita para el conocimiento'.

Quiero resaltar la diferencia entre «conocimiento» y «conciencia». Conocimiento es lo que resulta del proceso cognitivo. Conciencia es la facultad que nos permite emprender un proceso cognitivo. Podemos definir la expresión «proceso cognitivo» como «el procedimiento específico mediante el cual se llega a un conocimiento específico».

Por lo general, somos raramente conscientes de la conciencia como tal. Solemos confundirla con el conocimiento. Podemos establecer un paralelismo entre la conciencia y la luz de un proyector cinematográfico. La conciencia es la luz que proyecta las imágenes del celuloide sobre la pantalla y también la cualidad que permite percibirlas a través de un proceso cognitivo determinado. A saber, los impulsos visuales y auditivos entran en contacto con los órganos de los sentidos correspondientes y son vehiculados hasta las zonas del cerebro humano que se encargan de su procesamiento y de generar una imagen mental interior. Es entonces cuando aparece el conocimiento de la escena o secuencia que está siendo proyectada sobre la pantalla.

La luz física es lo que nos permite llegar a conocer las formas visuales. La luz de la conciencia es lo que nos permite conocer cualquier objeto del conocimiento.

Cualidades de la conciencia

Desde el punto de vista del budismo es imposible aprehender conceptualmente lo que la conciencia es en sí. Pero como de alguna manera tenemos que referirnos a ella, se le asignan tres características:

1. Es idéntica a la naturaleza de la luz.
2. Incluye y trasciende la totalidad del espacio y el tiempo.
3. Es vacua.

Veamos una por una estas características:

1. «Es idéntica a la naturaleza de la luz» quiere decir que gracias a ella y solo gracias a ella las cosas son lo que son y nosotros podemos conocerlas, de la misma manera que gracias a la luz física podemos ver la forma y el color de los objetos. La conciencia, como la luz, es invisible en sí, pero gracias a ella podemos ver o conocer. Aquello de lo que aún no se ha tomado conciencia no puede ser conocido.

La conciencia es la presencia invisible gracias a la cual la realidad puede ser percibida en sus múltiples aspectos y niveles.

2. «Incluye el tiempo y el espacio» quiere decir que es ubicua y atemporal. La luz de la conciencia ilumina el pasado, el presente y el futuro. Miramos hacia las galaxias más lejanas en el tiempo y en el espacio y podemos llegar a conocerlas gracias a la luz de la conciencia. Miramos el mundo subatómico y podemos llegar a conocerlo gracias a la luz de la conciencia. El conocimiento y el proceso cognitivo están condicionados por el tiempo-espacio, pero la conciencia no lo está. La conciencia no surge del tiempo-espacio, sino que el tiempo-espacio surge de la conciencia. Esto es: si no hay conciencia del espacio-tiempo, sencillamente no hay espacio-tiempo.

3. «Es vacua» quiere decir que es inefable, imposible de aprehender mediante el conocimiento sensorial ni mediante el conocimiento categórico (racional). No se puede decir de ella que sea amarilla ni roja, ni salada ni dulce, ni áspera ni suave, ni perfumada ni maloliente, ni deseable ni odiosa, ni melodio-

sa ni cacofónica, ni alta ni baja, ni buena ni mala, ni cercana ni lejana, ni medible ni no-medible, etcétera. En el zen decimos que es vacío (*shunya*) o vacuidad (*shunyata*).

Aunque la conciencia sea incognoscible mediante los sentidos, la emoción y las categorías racionales, esto no quiere decir que no pueda ser experimentada en su verdadera naturaleza. Precisamente, la experiencia de la verdadera naturaleza de la conciencia (que, no lo olvidemos, es la fuente de todo conocimiento) es la meta principal de la tradición budista, la experiencia que, ya lo sabemos, es llamada «iluminación».

Esto plantea una pregunta muy embarazosa para la mentalidad científica clásica: ¿es posible alguna modalidad de conocimiento, algún proceso cognitivo, en el que no estén implicados los sentidos, las emociones y las categorías mentales propias de la razón?

Esto nos lleva a tratar inmediatamente los temas del conocimiento, el proceso cognitivo, el sujeto conocedor y la realidad.

El conocimiento, el proceso cognitivo y el sujeto conocedor

Hemos visto que llamamos conocimiento al resultado de un proceso cognitivo. Ahora debemos reconocer que todo proceso cognitivo está mediatizado por las características individuales del sujeto conocedor. Esto nos lleva a la inevitable conclusión de que existen tantas realidades como sujetos conocedores.

Desde el punto de vista del budismo, todas las realidades surgen de la misma fuente: la facultad universal de la conciencia.

Desde el punto de vista del budismo, la conciencia es una y universal y no se limita a los seres humanos; lo penetra todo. Ahora bien, puesto que los seres vivientes somos muy diferentes unos de otros (diversidad de sujetos conocedores), los procesos cognitivos a través de los cuales se manifiesta la facultad de la conciencia son distintos también los unos de los otros, dando lugar a conocimientos dispares de la realidad o, lo que es lo mismo, a realidades diferentes.

Los animales están dotados de la facultad de la conciencia. Su conocimiento de la realidad viene dado por su propio proceso cognitivo, el cual está condicionado por sus características individuales.

Lo mismo sucede con las plantas e incluso con los seres mal llamados inertes o inorgánicos. Todos tienen un cierto conocimiento de la realidad; por lo tanto, participan de alguna manera de la luz de la conciencia.

Conocimiento relativo y conocimiento absoluto

En este punto me gustaría introducir el hecho de que para el budismo existen básicamente dos grandes modalidades de conocimiento:

- El conocimiento relativo, definido como todo tipo de conocimiento que incluya el espacio-tiempo como coordenada fundamental en la que está inserta el sujeto conocedor, el proceso cognitivo y, por lo tanto, el conocimiento resultante.
- El conocimiento absoluto, un conocimiento atemporal, a-espacial, directo e inmediato, que se sitúa más allá de la coordenada espacio-tiempo, más allá de categorías como sujeto conocedor, proceso cognitivo y el propio conocimiento.

Veamos más detenidamente algunos aspectos del conocimiento relativo.

Fases del proceso cognitivo relativo

Todo conocimiento relativo es el resultado de un proceso cognitivo que se produce al menos en tres fases:

1. Recepción de información o estímulos, lo cual presupone la existencia de órganos capaces de captar la información.
2. Procesamiento de esta información, lo cual presupone un órgano de procesamiento.
3. Reacción, comportamiento, lo cual presupone una existencia en el espacio-tiempo.

El proceso cognitivo de todos los seres existentes sigue este mismo esquema cognitivo básico, desde los neutrones, protones y electrones que forman el átomo, hasta los seres humanos, pasando por las moléculas (tanto los gases como los cristales y los metales), las cadenas de moléculas, las proteínas, las células, los seres unicelulares y los pluricelulares, los seres del reino vegetal y los del reino animal.

Obviamente, la complejidad de cada una de estas tres fases es muy diferente en unos casos y en otros, en función de la complejidad del sujeto conocedor en sí.

Veamos algunos ejemplos. Tanto los electrones como los neutrones y los protones, así como el átomo mismo, tienen la capacidad de reaccionar a un estímulo dado. Esto quiere decir que tienen la capacidad de captar información, «procesarla» y reaccionar en consecuencia. Está claro que los «órganos» de captación de la información, el «órgano» de procesamiento de la información y los «órganos» encargados de dirigir la reacción del átomo o de las partículas subatómicas distan mucho de la complejidad de los órganos sensoriales, del cerebro y del aparato motor humanos, pero ello no quita para que no podamos hablar del conocimiento al que tienen acceso los átomos y las partículas subatómicas.

Igual sucede con las moléculas y con todas las entidades de complejidad creciente que forman el tejido de la vida. Y así sucesivamente a través de los distintos niveles de complejidad de la vida.

En resumen, las características ontológicas de cada ser condicionan y delimitan el proceso cognitivo al que pueden acceder, el cual condiciona y delimita el conocimiento al que pueden llegar, el cual a su vez condiciona y delimita la realidad cognoscible.

Dicho de otra manera, lo que se percibe depende del punto de vista y de los medios con los que se percibe.

Saltémonos la escala de complejidad creciente que va desde las partículas subatómicas hasta el ser humano y centrémonos en este último.

Las estructuras cognitivas del ser humano

El ser humano cuenta con tres estructuras cognitivas básicas: el código genético, el sistema nervioso y el sistema cultural.

El código genético condiciona y delimita sus características ontológicas y le provee de una cantidad importantísima de información. Esta fuente de información es por lo general inconsciente, es decir, sucede por debajo del umbral de la conciencia.

El sistema nervioso es un sistema de captación, procesamiento y reacción a los estímulos enormemente complejo.

El sistema cultural es un depósito de información y significados, que actúa como almacén de memoria y como proveedor y transmisor de significados; significados que condicionan decisivamente el proceso de elaboración de imágenes. En la base del sistema cultural se halla el lenguaje.

Analicemos la percepción humana basándonos en estas tres estructuras básicas.

El código genético humano incluye todas las modalidades cognitivas propias de todos los niveles evolutivos inferiores (mamíferos, vertebrados, invertebrados, organismos pluricelulares, unicelulares, proteínas, aminoácidos, etcétera), organizándolos en un nivel de complejidad infinitamente mayor, potenciando —condicionando y delimitando— el desarrollo de un nuevo ser cuyas características ontológicas permiten un proceso cognitivo muchísimo más complejo.

Gracias al código genético se adquiere la forma humana y se desarrolla el sistema nervioso humano, que en su estructura básica es similar al del resto de los mamíferos superiores.

El sistema nervioso humano es un sistema altamente desarrollado de:

- Captación de estímulos (a través de los órganos sensoriales).
- Transmisión de estos estímulos al centro de procesamiento (*hardware,* cerebro).
- Procesamiento de estos estímulos a través de programas de procesamiento específicos (*software*).
- Reacción a dichos estímulos (condicionada por su aparato motor), conducta.

Aunque todos los seres humanos compartimos este proceso básico de percepción y reaccionamos de la misma forma ante situaciones básicas de la vida, tales como el instinto de supervivencia, la huida del calor o frío intensos, la protección de las crías, la búsqueda de la felicidad y el rechazo del dolor y el sufrimiento, la manera de procesar y de reaccionar respecto a una gran cantidad de estímulos está condicionada por el sistema cultural.

El sistema cultural desempeña un papel fundamental en el procesamiento de la información por parte del sistema nervioso y en la imagen de la realidad resultante.

Acerca del lenguaje

Reflexionemos brevemente sobre el hecho cultural. Cultura quiere decir lenguaje. En la base de la cultura humana se halla el lenguaje. El lenguaje no es solo un método de transmisión del conocimiento adquirido, sino una estructura cognitiva en sí que condiciona y delimita enormemente el proceso cognitivo mismo y, por lo tanto, el conocimiento resultante. Es un código de procesamiento y transmisión de la información. El lenguaje se basa:

- En el pensamiento analítico-categórico, es decir, en la capacidad de identificar partes en el todo, separando estas partes del todo.
- En la capacidad de dar nombre a las categorías o partes analizadas.
- En la capacidad de dar significados a las categorías creadas (campo semántico).

- En la capacidad de establecer relaciones entre categorías (pensamiento lógico).
- En la capacidad de transmitir el conocimiento adquirido.

Veamos esto un poco más detenidamente. El pensamiento analítico actúa mediante la separación del todo en partes; partes que son identificadas o categorizadas. Esta operación es una representación abstracta, ya que la realidad se presenta siempre como un todo, un hecho total indivisible.

Todas las existencias ejercen algún tipo de inteligencia analítica. El impulso básico de toda forma, ya sea orgánica o inorgánica, es el de conservar su propia forma; por lo cual, todo aquello que sirva para proteger la forma debe ser diferenciado de aquello que pueda destruirla. El análisis básico viene determinado por el instinto de supervivencia. La capacidad analítica de la mente humana no es más que una manifestación muy compleja de este instinto básico.

El pensamiento analítico es inherentemente dualista, separador y diferenciador: se trata de separar y diferenciar un estímulo de otro, reconociendo las características propias de cada uno de ellos.

El lenguaje asigna un nombre a la categoría identificada, lo cual supone un segundo grado de abstracción con respecto al estímulo real. Asocia ese nombre a un sonido (tercer grado de abstracción) y ese sonido a una grafía (cuarto grado de abstracción). Esto significa que la imagen mental y la identificación verbal y gráfica de un estímulo dado son fruto de un elaborado proceso de representación mental. Cada grado de abstracción presente en la representación mental del estímulo supone un alejamiento progresivo de la experiencia real del estímulo en sí.

La representación mental del estímulo no es nunca aséptica ni objetiva, sino que es elaborada a partir de un campo semántico que la carga de significado. La asignación de significado —que es condicionada por la memoria semántica, que a su vez es fruto del influjo del sistema cultural— a la representación mental añade un nuevo grado (el quinto) de abstracción y provoca que la representación mental se encuentre más alejada aún del estímulo en sí.

La capacidad de establecer relaciones entre categorías revela un pensamiento lógico, sintético. Después de que el pensamiento analítico ha dividido y separado el todo en partes, después de que estas partes han sido nombradas y cargadas de significados, el pensamiento lógico trata de restablecer la totalidad, identificando las relaciones entre categorías y grupos de categorías. Los sistemas lógicos pueden ser sistemas simples o metasistemas, es decir, sistemas de sistemas lógicos. Esto es, lo que la inteligencia racional hace es deconstruir la realidad en sus partes más ínfimas para luego reconstruirla, siguiendo unos programas lógicos (*software*) que le vienen dados por los condicionamientos culturales en los que se ha desarrollado.

Una vez establecida una determinada imagen mental de la realidad, el lenguaje permite la transmisión de esta imagen a otras mentes mediante distintos soportes hablados, escritos, audiovisuales o cibernéticos.

El hecho importante es comprender que el lenguaje no es un líquido revelador de la realidad, sino que, como toda herramienta cognitiva, es sobre todo un «creador de realidad». La realidad que revela el lenguaje es la que él mismo ha construido, basándose en las categorías mentales que lo sustentan. Veremos esto más adelante con mayor precisión.

¿Conocimiento objetivo?

Digamos que un hecho al que podemos llamar objetivo por ahora (pero solo por ahora) y que se encuentra en la base de la ciencia clásica occidental es el siguiente: la forma humana viene dada por el genoma humano. Estamos dotados de sistema nervioso, órganos sensoriales y cerebro. Además somos seres culturales que participamos de un conjunto de significados. A partir de este conjunto de significamos representamos mentalmente nuestra percepción de la realidad de esta manera:

«Ahí», «fuera» de mi mente, hay un mundo real. Ese mundo real es exterior a mí. Yo soy un individuo, un sujeto conocedor que vive en él.

Yo conozco ese mundo real porque lo percibo con los sentidos y lo comprendo con la mente que utilizo para asignar nombre a las cosas, para dotarlas de sentido y para establecer las relaciones adecuadas entre ellas.

Mi conocimiento del mundo de ahí fuera es objetivo, es decir, lo que yo percibo como mundo real es el mundo real de ahí fuera, tal y como es.

El éxito en la lucha por la supervivencia de nuestra experiencia colectiva como humanidad demuestra que esta es la forma correcta de ver las cosas.

Bueno, esto era más o menos así hasta que Einstein y otros abrieron la caja de Pandora...

¿Qué es la realidad?

La realidad ordinaria que percibe cualquier ser humano común como usted o yo en un estado de conciencia habitual es una realidad relativa. Es una realidad condicionada por el proceso cognitivo a través del cual tratamos de aprehenderla, el cual a su vez está condicionado por nuestras características ontológicas en tanto sujetos conocedores: somos mamíferos, tenemos cinco órganos sensoriales dotados de cualidades específicas y limitadas, tenemos un sistema nervioso, un cerebro, unos códigos particulares de procesamiento, unos campos semánticos, un lenguaje determinado, etcétera.

Según Peter Russell:

Confundimos esta realidad personal con la realidad física y creemos estar en contacto con el mundo que hay «fuera de nosotros». Sin embargo, los colores y los sonidos que experimentamos en realidad no están en ese mundo exterior; son todos ellos imágenes mentales, configuraciones de la realidad que hemos construido. Este solo hecho nos lleva a un radical replanteamiento de la relación entre la conciencia y la realidad.[1]

Para el filósofo británico John Locke (siglo XVII), el conocimiento se basa en la percepción causada por los objetos externos que actúan en nuestros sentidos. Locke creía que la percepción era pasiva, es decir, que la mente simplemente reflejaba las imágenes que recibía de los sentidos. Para él, las imágenes percibidas por la mente humana correspondían a las imágenes reales del mundo físico de «ahí fuera»; por lo tanto, que la mente humana reflejaba objetivamente la realidad de «ahí fuera».

Descartes desconfiaba de los sentidos. Para él, no es a través de los sentidos como captamos la realidad de «ahí fuera», sino a través de la razón. Según él, a través de la razón nuestra mente «descubre» las leyes eternas —la sintaxis— de la realidad objetiva.

Ambos creían en una realidad objetiva y en la capacidad de la mente humana para captarla y objetivizarla. El pensamiento científico clásico, el positivismo, se basa principalmente en el pensamiento de estos dos filósofos.

En el polo opuesto, el obispo y teólogo irlandés Berkeley defendió que solo conocemos nuestras percepciones y que no existe ninguna realidad objetiva fuera de nuestras percepciones.

En una posición intermedia se encuentra el pensamiento de Emmanuel Kant (siglo XVIII). Kant estableció una clara distinción entre las formas que aparecen en la mente, a las que denominó *phenomenon* (en griego, 'lo que parece ser'), y el mundo del que surge esta percepción, al cual llamaba *noumenon* (en griego: 'lo que se aprehende'). Para Kant, lo único que conocemos es el *phenomenon.* El *noumenon,* la cosa en sí, permanece siempre más allá de nuestro conocimiento.

Kant sostuvo que sí existía una realidad objetiva subyacente a nuestras percepciones, pero que nunca podremos saber cómo es realmente. Lo único que podemos saber es cómo aparece en nuestra mente.

Con Kant surge por primera vez en Occidente la duda sobre nuestra capacidad de conocer objetivamente el mundo de «ahí fuera». En Kant, la percepción humana es relativizada, pero él sigue creyendo, como en un dogma de fe, en la existencia objetiva de una realidad «ahí fuera». Es decir, en Kant el conocimiento humano y el proceso cognitivo mediante el que accedemos a la realidad son relativizados, pero la realidad en sí es afirmada como independiente de nuestra percepción.

Solo siglos más tarde, y basándose en los resultados de sus investigaciones, el físico Edwin Schrödinger llegaría a decir: «La representación que del mundo posee cada ser humano es y siempre será una construcción de su mente, y no puede demostrarse que posea una existencia aparte».

Creemos estar percibiendo el mundo que nos rodea, pero lo único que podemos conocer directamente son los colores, las formas y los olores que aparecen en nuestra mente, y esto como resultado de la integración en un todo coherente por parte de nuestro cerebro de una gran cantidad de informaciones o impulsos electroquímicos.

Es nuestra mente la que crea imágenes mentales tales como «yo», «ahí fuera», «espacio», «tiempo». A pesar de que hablamos de una realidad «externa» a nosotros (el mundo físico objetivo), esa realidad no nos es más externa que nuestros propios sueños nocturnos. En un estado de conciencia ordinario (vigilia), consideramos que nuestra imagen del mundo se basa en informaciones sensoriales extraídas del entorno inmediato físico, real y objetivo. Sin embargo, lo cierto es que la realidad que percibimos en estado de vigilia es una creación de nuestra mente, así como lo son nuestros sueños.

La conclusión de esto es que todas nuestras experiencias son la imagen de la realidad que hemos creado en nuestra mente.

En el budismo se le llama «ilusión» o «engaño» o «sueño» (*maya*) al hecho de confundir la realidad que experimentamos con la realidad o la cosa en sí.

Según el *Lankavatara sutra:*

> Las cosas no son lo que parecen
> pero tampoco son de otro modo.

Según el maestro zen Menzan Zuihô:

> Dado que las personas están cegadas por la mente ilusoria no
> pueden ver con claridad el Cuerpo Completo de la Realidad y,
> como consecuencia de esto, perciben cosas en términos de bueno
> o malo, ser o no-ser, vida o muerte, seres ordinarios y Budas. Si
> nuestros ojos estuvieran abiertos, nos daríamos cuenta inevita-
> blemente de que el conocimiento o la perspectiva adquiridos a
> través de nuestras propias experiencias personales no son la rea-
> lidad completa.
>
> Esta es la razón por la que nadie puede liberarse de los enga-
> ños si no disuelve antes la ignorancia.[2]

A esto es a lo que en el budismo se le llama «ignorancia»: un
proceso cognitivo condicionado e incompleto que da lugar a
un conocimiento condicionado e incompleto. Este condicionamiento incompleto sobre nosotros mismos y sobre la realidad nos impide encontrar un estado de bienestar estable y duradero. La insatisfacción que sufrimos es inherente a nuestra
misma forma de conocer la realidad, es decir, a nuestra ignorancia.

Realidad objetiva, realidad subjetiva

Nuestra percepción de la realidad no es la realidad en sí, sino
una imagen creada por nuestra mente-cerebro.

Ahora bien, ¿cuál es entonces la naturaleza de la realidad física de «ahí fuera»? ¿Existe alguna modalidad cognitiva que nos permita conocerla o saber si realmente «ahí fuera» hay una realidad física independiente del sujeto conocedor?

O en palabras de Peter Russell:

> Si lo único que podemos conocer son las imágenes sensoriales que aparecen en nuestra mente, ¿cómo podemos estar seguros de que existe una realidad física más allá de nuestras percepciones?, ¿acaso no es solo una suposición? Mi respuesta es sí, es una suposición.[3]

El descubrimiento de la naturaleza de esa realidad subyacente a nuestras percepciones ha sido y sigue siendo el objetivo tanto de gran parte del esfuerzo científico como de la tradición budista. Sus conclusiones son diferentes porque las modalidades cognitivas adoptadas por la ciencia y por la tradición budista son diferentes. La ciencia adopta una modalidad basada en la observación a través de los sentidos y en el procesamiento de estas informaciones sensoriales por medio de un pensamiento racional sujeto a sistemas lógicos determinados (hipotético-deductivo, lógica matemática, etcétera), mientras que la tradición budista ha desarrollado procesos cognitivos basados en estados de conciencia transracionales (que no irracionales ni prerracionales), surgidos como resultado de la aplicación de una tecnología psicofísica llamada meditación.

Mientras que la ciencia se ha centrado en descubrir la naturaleza y las leyes del mundo de «ahí fuera», la tradición budista lo ha hecho en descubrir la naturaleza del «yo» que se halla en la base de todo proceso cognitivo.

Mientras que la ciencia se ha preguntado cuál es la naturaleza de «eso que se percibe», la tradición budista lo ha hecho por la naturaleza de «eso que percibe».

Mientras que la ciencia ha atendido al efecto de la percepción, la tradición budista lo ha hecho a la causa de la percepción.

Durante siglos, ambas visiones y sus resultados han sido contradictorios, opuestos y antagónicos. De hecho, dos civilizaciones muy diferentes han emergido en Oriente y en Occidente a partir de estas visiones. Pero en la época actual podemos darnos cuenta de que ambas visiones pueden complementarse e iluminarse mutuamente.

La realidad según la ciencia y la tradición budista

La realidad que la ciencia actual está encontrando desde Einstein y la física cuántica dista mucho de la que describió Newton. Todos estamos al corriente de esto y creo que no debo insistir demasiado sobre ello.

Cuanto más ha ahondado la ciencia en la naturaleza de la realidad física, tanto más se ha ido revelando que la realidad física no es nada parecida a como nos la imaginamos.

Durante 2 000 años se ha creído que los átomos eran unas diminutas bolas sólidas: los ladrillos de la realidad física, sólida y contundente. Cuando los físicos descubrieron que los átomos se componían de otras partículas subatómicas más elementales (electrones, protones y neutrones), el modelo cambió para convertirse en un núcleo central rodeado de electrones moviéndose en órbita.

Más tarde se descubrió que el 99,9999999 % del átomo es espacio vacío. Esto llevó a Arthur Eddington a afirmar que: «la materia en su mayor parte es un fantasmagórico espacio vacío», y a Hans-Peter Dürr a decir que: «la materia no está compuesta de materia».

Con el desarrollo de la teoría cuántica, los físicos descubrieron que incluso las partículas subatómicas distan mucho de ser sólidas. De hecho, no tienen nada que ver con la materia tal y como la entendemos. No pueden aislarse y medirse con precisión (no se pueden analizar). La mayoría del tiempo parecen más bien ondas que partículas. Los físicos las definen como «nubes confusas de existencia potencial, sin una localización concreta».

¿Qué es, pues, la materia que constituye la base sólida de la realidad de «ahí fuera»? Sea lo que sea la materia, tiene muy poca sustancia, si es que conserva alguna en realidad.

Esto nos lleva a comprender bajo otra óptica el aprendizaje esencial de la tradición budista, a saber, la enseñanza de *anatman* o no sustancialidad (no *noumenon*). Tal y como lo expresa sucintamente el *sutra* de la Gran Sabiduría (*Maha prajña paramita sutra*):

Los fenómenos son vacío.

El vacío es fenómeno.[4]

Si la naturaleza de la materia no es material, ¿qué es?, ¿de dónde surge?, ¿cuál es la fuerza que la genera?

En mi opinión, está a punto de producirse una revolución copernicana en la ciencia y en la filosofía occidentales. Un nuevo metaparadigma está emergiendo. A medida que este nuevo metaparadigma se vaya consolidando, la ciencia y la filosofía occidentales comprenderán cada vez mejor el conocimiento obtenido y transmitido por las tradiciones espirituales orientales, especialmente por el budismo. La base de este nuevo giro copernicano es la siguiente:

La conciencia no es un subproducto ni una propiedad emergente del cerebro humano. Es decir, la conciencia no surge de la materia, no es el resultado de la evolución del átomo en molécula, de la molécula en cadenas moleculares, de estas en células, de estas en tejidos, de estos en órganos, de estos en sistemas, de estos en organismos, de estos en organismo humano. No. La conciencia es el origen de la materia. Es decir, la materia deriva de la conciencia y no la conciencia de la materia, tal y como se enseña en el budismo, y tal y como han podido experimentar algunos de los más grandes maestros budistas.

«Esto quiere decir que el mundo que en realidad conocemos es el mundo que toma forma en nuestra mente; y este mundo no se compone de materia, sino que su naturaleza es mental».[5]

Nuestra experiencia de la realidad es, de hecho, una construcción de nuestra mente. El proceso cognitivo que seguimos para aprehender la realidad no capta en verdad el mundo de «ahí fuera», sino que lo «construye».

Puesto que la modalidad del proceso cognitivo que usamos sigue una determinada dirección temporal, la realidad «creada» a su imagen y semejanza sigue la misma dirección temporal.

Puesto que el proceso cognitivo que usamos está condicionado por el concepto y la vivencia de espacio, la realidad «creada» es espacial.

Puesto que este proceso cognitivo se basa en una definición del «yo» que conoce como opuesto y separado a «la cosa conocida», la realidad «creada» por este proceso aparece dividida en «objetiva» y «subjetiva», o en «interior» y «exterior».

Puesto que el proceso cognitivo parte de una separación conceptual entre mente, materia y conciencia, en la realidad «creada» se despliega esta misma separación.

En resumen, como sujetos conocedores definimos nuestra identidad a partir de nuestras sensaciones, percepciones, categorías conceptuales, emociones, etcétera; es decir, como seres sujetos al tiempo y el espacio. Desde esa imagen tratamos de conocer la realidad y, para ello, utilizamos procesos cognitivos íntimamente condicionados por nuestra identidad, esto es, por el tiempo y por el espacio, por la materia, por el cerebro. El budismo llama a este tipo de conocimiento «relativo» o «ilusorio».

¿Existe una realidad más allá del tiempo y el espacio? En el caso de que existiese, ¿podríamos los seres humanos, sujetos al tiempo y el espacio, llegar a conocerla? La tradición budista responde afirmativamente a ambas preguntas.

¿A través de qué proceso cognitivo? A través de un proceso de introspección muy poderoso llamado meditación, mediante el cual la luz de la conciencia es dirigida sobre sí misma para iluminar su propia naturaleza original.

Acerca de la luz

Los dos grandes descubrimientos que hicieron época en la física del siglo XX —la teoría de la relatividad para lo grande y la mecánica cuántica para lo muy pequeño— guardan relación con la luz.

Albert Einstein descubrió que la única constante invariable en todo el universo físico es la velocidad de la luz (300 000 kilómetros por segundo). Todos los demás fenómenos del universo se ajustan a ella y solo pueden ser concebidos en relación a ella. En otras palabras, todo lo que vemos es relativo, salvo la velocidad de la luz.

Einstein descubrió también que la realidad del espacio, el tiempo y la materia es relativa (hasta entonces había sido considerada como absoluta) y solo adquiere sentido en relación con la velocidad de la luz, que es la única constante. Es más, espacio, tiempo y materia son diferentes aspectos de una misma realidad, no tres cosas separadas.

A la velocidad de la luz, el tiempo y el espacio desaparecen y la masa se vuelve infinita. Esto quiere decir que la luz no va a ninguna parte ni recorre ningún espacio: simplemente es lo que es y su ser se encuentra por igual en cualquier punto del tiempo y el espacio, o, lo que es lo mismo, está más allá del tiempo y el espacio.

A la velocidad de la luz no hay eventos separados, no hay cosas ni seres separados, no hay aquí ni allí, ni ahora ni antes ni después.

Desde nuestro punto de vista (que vivimos en la Tierra, la cual se mueve a una determinada velocidad alrededor del Sol, que estamos sometidos a la gravedad terrestre, que empleamos unas determinadas herramientas y mediciones y utilizamos un determinado sistema lógico para procesar esas mediciones), la luz del Sol tarda ocho minutos en recorrer el espacio comprendido entre este y la Tierra. Sin embargo, desde el punto de vista de cualquier fotón emitido por el Sol no hay ninguna distancia entre el Sol y la Tierra ni ningún tiempo. El fotón existe indistintamente aquí y en el Sol, antes y ahora, porque a la velocidad de la luz no hay tiempo ni espacio.

La luz es la forma básica de la energía. La luz es energía antes de la generación del espacio-tiempo. La luz es la fuente de toda energía, de la materia, del espacio y el tiempo, del universo, de la evolución y de la historia.

La materia, el espacio y el tiempo se han creado a partir de la luz. Al disminuir su velocidad, la luz se solidifica en energía medible, en tiempo, en espacio y en materia.

«La materia entera no es más que una masa de luz estable», decía Sri Aurobindo.

La luz, esa forma de energía primordial tan misteriosa, es la fuente de toda creación. Es el sustrato que subyace y del que están hechas todas las cosas. Y esto no en sentido figurado, sino real.

No sabemos cómo ni por qué se produjo la Gran Explosión que marcó el comienzo del actual universo. En ese instante singular no solo fue creada la materia, sino a la vez el tiempo y el espacio (tiempo-espacio-materia es una sola cosa). Es importante darse cuenta de esto: la Gran Explosión no se produjo en un punto localizado del espacio ni en un instante específico del tiempo. El tiempo y el espacio surgieron en ese momento y comenzaron a expandirse (expansión temporal, expansión espacial).

¿Cómo pudo crearse la materia, el tiempo y el espacio de la nada? ¿Cómo puede el vacío universal manifestarse en cuanto fenómeno? ¿Por qué y cómo hay *algo* en vez de *nada?* Ese es el gran misterio.

El hecho es que la luz sigue creando el mundo a cada instante. Es la luz la que sigue suministrando energía al universo material-espacial-temporal. Esto es evidente, por ejemplo, en el proceso de la fotosíntesis, a través del cual la luz inmaterial procedente del sol se transforma en la alfombra verde de la vegetación de la Tierra. Las plantas absorben el flujo de energía de la luz inmaterial y lo almacenan en forma de energía química, en aminoácidos, en azúcares y enzimas que se hallan en la base de la vida. Esta vida que ha evolucionado durante millones de años humanos en este planeta hasta conformar los seres humanos que somos: seres humanos dotados de conciencia, es decir, dotados de inteligencia, comprensión, entendimiento, atención lúcida y conciencia. Esta conciencia que somos ahora es pura luz.

Toda la historia desde la Gran Explosión es la historia de la luz que se ha transformado hasta volverse consciente de sí misma. Desde nuestro punto de vista humano, parece que han pasado miles de millones de años desde la Gran Explosión, pero desde el punto de vista de la luz —en la que no existe tiempo ni espacio ni transformación— no ha sucedido absolutamente nada. La Gran Explosión no se ha producido, o bien la Gran Explosión Creadora se está produciendo a cada instante, pues a cada instante la luz se transforma en tiempo-espacio-materia y a cada instante el tiempo-espacio-materia es reabsorbido en la luz original.

El *sutra* de la Gran Sabiduría lo expresa así:

Shiki fu i ku, *los fenómenos no son diferentes del vacío.*
Ku fu i shiki, *el vacío no es diferente de los fenómenos.*
Shiki soku ze ku, *los fenómenos son vacío.*
Ku soku ze shiki, *el vacío es fenómenos.*

Todo se crea a partir de la luz, y todas las interacciones que siguen a la aparición de las cosas creadas ocurren gracias a la luz.

Por eso, después de descubrir esto Einstein dijo: «Quiero dedicar el resto de mi vida a reflexionar sobre la naturaleza de la luz».

Precisamente, el tema central en muchas tradiciones espirituales, y especialmente en el budismo zen, es la indagación y la realización de la naturaleza de la luz: de la pura luz del vacío.

A la transmisión de la experiencia fundamental de nuestra verdadera identidad se la llama en el zen «transmisión de la luz» (*denkô*, en japonés).

La luz es la metáfora más usada para referirse a nuestra verdadera naturaleza. En este sentido, iluminarse quiere decir «darse cuenta de que esencialmente somos luz». Todos los grandes místicos han experimentado lo mismo:

- «Con toda la ciencia de que haces gala, ¿acaso puedes decirnos cómo es que la luz llega al espíritu y de dónde procede?», Henry David Thoreau.
- «El único "yo soy" en el centro de toda la creación, eso es la luz de la vida», *Upanishad.*
- «La Clara Luz se origina en sí misma y es eternamente increada, penetra con sus destellos en nuestras mentes», *El libro tibetano de los muertos.*
- «Esta luz brillaba desde lo ignoto [...] No dejé de mirarla fijamente hasta que llegó un momento en que todo mi ser se había convertido en esa luz», Sufí Abu 'l-Hosian al-Nuri.

- «Vi una luz infinita e incomprensible [...] una única luz [...] simple, no compuesta, intemporal, infinita y eterna [...] la fuente de la vida», san Simeón (siglo x).
- «El tiempo y el espacio no son sino colores fisiológicos que construye el ojo, pero el espíritu es la luz», Ralph Waldo Emerson.
- «La clara luz del ser sin mácula se ilumina a sí misma», maestro zen Menzan Zuihô.
- «Y Dios dijo: "Hágase la luz", y la luz se hizo», Génesis.
- «No vemos sino el reflejo del sol detrás del velo», Rumi.
- «El cielo ilimitado,/ las miríadas de estrellas,/ el astro lunar y el astro solar,/ las innumerables nebulosas/ y nuestra Tierra/ han sido creados por la luz,/ fuente de la vida», maestro zen Taisen Deshimaru.

La función de la atención

La meditación zen es una tecnología cognitiva que nos permite ajustar nuestras percepciones de la realidad a la realidad en sí, con el fin de liberar al sujeto de las ilusiones o percepciones erróneas y, gracias a ello, del dolor y el sufrimiento asociados al error cognitivo. La culminación del proceso cognitivo favorecido por la meditación zen es la experiencia de la iluminación, cuyos atributos esenciales son una gran claridad cognitiva, una profunda serenidad y un estado de pleno gozo interno.

La herramienta básica, la clave, no solo de la meditación zen, sino de todo el camino de liberación propuesto por el Buda, es la atención.

El Buda Shakyamuni dijo:

> Aquellos que viven atentos al instante presente
> no morirán nunca.
> Aquellos que no viven atentos al instante presente
> ya están muertos.

La atención es la capacidad de dirigir o enfocar la luz de la conciencia. Básicamente somos seres conscientes, nuestra existencia sucede en la luz de la conciencia. Aunque nos identifiquemos con el cuerpo-mente individual, con los deseos, con las emociones o con las percepciones que experimentamos, el hecho es que sabemos que estamos experimentando eso porque somos conscientes de ello. Somos la conciencia de ser lo que somos. ¿Qué significa esto?

Desde el punto de vista del budismo, la realidad no es más que conciencia. Dicho de otra forma, la realidad es la conciencia de la realidad. Y ¿qué es la conciencia? Es imposible definirla o conocerla categóricamente porque la conciencia no puede ser objeto de conocimiento, ya que es la condición *sine qua non* del conocimiento mismo.

Hemos utilizado la metáfora de la luz para referirnos a la conciencia. La conciencia es la «luz» que nos permite conocer. Sin la «luz» de la conciencia no hay conocimiento posible. La conciencia es, pues, parecida a la luz física del sol o de cualquier otra fuente luminosa. Ahora que estás leyendo este libro puedes ver el libro, las páginas, tus propias manos, los objetos que hay más allá del libro... Puedes conocerlos porque todos ellos están siendo iluminados por la luz del sol o de una lámpara. Si el sol y la lámpara se apagaran de pronto, no podrías ver ni conocer ni la forma ni el color, ni el tamaño ni la distancia a la que se encuentra un objeto. Y dado que no puedes conocerlos es como si no existieran. Por lo tanto, la percepción de la forma, el color, la dimensión y la distancia a la que se encuentra un objeto depende de la luz. ¿Qué es la luz? Nadie puede saberlo. Nadie ha visto nunca la luz del sol ni cualquier otra luz directamente. Lo que percibimos es el reflejo de la luz en los objetos. Así pues, la luz es la presencia invisible que nos permite ver. Aunque nadie sepa qué es realmente, gracias a ella podemos ver.

El ejemplo de la luz física solo es válido para las percepciones visuales. La luz de la conciencia, por el contrario, es una luz no física que permite que nos demos cuenta de las sensaciones, de las emociones, de las imágenes mentales, del pensamiento, del deseo, de los recuerdos, etcétera. La luz de la conciencia ilumina la totalidad de nuestra experiencia. Gracias a la luz de la conciencia sabemos que estamos experimentando lo que estamos experimentando. Nuestra experiencia solo aparece en la existencia porque somos conscientes de ella. Esto es lo que quiere decir que «la luz de la conciencia lo ilumina todo». Por ello, somos seres de luz. Nuestra naturaleza básica es la luz de la conciencia. Es a esto a lo que en el budismo se le llama naturaleza de Buda.

La cultura materialista que ha condicionado nuestra percepción nos ha hecho creer que somos un cuerpo-mente que «tiene» conciencia de sí y del mundo. Esta autoimagen, según la cual somos un «yo» que «tiene» conciencia, es otra manifestación del error cognitivo que nos aqueja. A los seres humanos nos gusta tener de todo, incluso conciencia. Queremos poseerlo todo, incluso la conciencia. En realidad no *tenemos* conciencia, *somos* conciencia. Somos la luz de la conciencia, pero no nos damos cuenta de ello, no somos conscientes de la conciencia que somos. Precisamente, este es el objetivo de la meditación zen: tomar conciencia de la conciencia que somos.

En la tarea de tomar conciencia de la conciencia que somos, la atención desempeña una función capital.

Siguiendo con la metáfora de la luz, si la conciencia es luz, la conciencia de ser puede ser más o menos luminosa o intensa. Cuanto más intensa sea la luz de nuestra conciencia, mayor será nuestra conciencia de ser. Cuando nuestra conciencia de ser se encuentra oscurecida y su luz dispersa, experimentamos un estado de oscurecimiento existencial, una opacidad vital que es otra forma de llamar al estado de ignorancia. La luz de la conciencia es innata e inherente al ser que somos, pero se puede manifestar con mayor o menor dispersión, con mayor o menor intensidad. La práctica de la meditación zen intensifica y concentra la luz innata de nuestra conciencia favoreciendo una conciencia de ser cada vez más clara e intensa. El estado de oscurecimiento óntico o ignorancia va disminuyendo a medida que van aumentando la intensidad y la claridad de nuestra conciencia de ser, es decir, de la luz de nuestra conciencia.

¿Cómo concentrar e intensificar la luz de la conciencia que somos? Esta es la función de la atención mental.

La facultad de la atención es inherente a toda forma de vida. Los animales también utilizan una forma primitiva de atención mental: tienen la capacidad de centrarse en los objetos que les resultan vitales y son capaces de reconocer aquellos que pueden serles letales.

La atención mental es una herramienta de supervivencia. El antílope que pasta tranquilamente en la sabana agudiza su atención y la enfoca en cualquier sonido que pueda ser signo de amenaza.

En el budismo se distingue la atención externa, que es la que utilizamos para desenvolvernos en el mundo del espacio-tiempo, para conocer la realidad externa y para aprender a sobrevivir en ella, y la atención interna, o atención pura, que es la que nos permite conocernos a nosotros mismos y conocer la verdadera naturaleza de la realidad.

La atención es la cualidad de la conciencia de centrarse o concentrarse en un objeto dado.

Imaginemos, por ejemplo, que vamos al teatro a ver una representación. Entramos en el patio de butacas y vemos que en el centro hay una enorme lámpara de araña con todas sus bombillas encendidas. Digamos que la potencia luminosa total de esa lámpara es de 100 000 vatios. Esa cantidad de luz es suficiente para que tengamos una percepción global de la sala, de las butacas, de la decoración, del público que entra y sale... Tenemos una determinada potencia luminosa expandida por una superficie dada, lo cual nos permite tener una conciencia global del lugar. No obstante, nos damos cuenta de que cuando tratamos de reconocer a alguna persona que se encuentra en un palco, no conseguimos percibir con claridad su rostro porque la luz ambiente, dispersada por toda la sala, no es lo bastante intensa. Aunque podemos tener una percepción global del espacio, no somos capaces de obtener una visión clara de ciertos detalles porque la luz es insuficiente o no está suficientemente enfocada en el detalle que queremos ver. Este sería el caso de nuestra conciencia en la vida cotidiana. Contamos con una percepción global que nos permite conocer el mundo en el que vivimos, pero cuando tratamos de penetrar más profundamente en el conocimiento de algo concreto, nos damos cuenta de que nuestra conciencia no es lo suficientemente luminosa o no está lo bastante concentrada. Padecemos una cierta dispersión crónica de nuestra capacidad de ser conscientes. Especialmente, la vida moderna en las grandes ciudades induce a un estado de gran dispersión: tenemos tantos estímulos que atender, tantas películas que ver, tantos lugares a los que acudir, tantos amigos a los que visitar, tantas cosas que hacer que, al final de cada día, nuestra energía vital se encuentra por los suelos, ya que la luz de la conciencia no es otra cosa que energía vital.

Pero volvamos al teatro. Suena el timbre que señala que la función va a comenzar. El público ocupa sus asientos. La luz de la lámpara central se apaga paulatinamente y el interior del teatro se sumerge en la oscuridad. Se levanta el telón y, de pronto, desde el fondo del teatro, se enciende un foco de luz, digamos que de la misma potencia total que la lámpara de la sala, 100 000 vatios. Este reflector enfoca el centro del escenario y en él aparecen una mesa y dos sillas. Y sobre la mesa, una botella de vino. ¿Tinto o blanco? ¡Blanco!, nos decimos. Sin lugar a dudas, blanco. ¿Cómo es que hemos podido percibir este detalle a tanta distancia de nosotros, teniendo en cuenta que la misma potencia de luz no nos había permitido previamente reconocer un rostro que se encontraba a menos distancia de nosotros que el escenario? Simplemente porque los 100 000 vatios del reflector están concentrados y enfocados en un espacio mucho más pequeño que el que llenaba la luz de la lámpara central.

Esta es la función de la atención: enfocar la luz de la conciencia sobre un objeto o un contenido de la experiencia que estamos teniendo.

Esta es la diferencia entre un estado de concentración (de concentración de la luz de la conciencia) y un estado de dispersión. Una conciencia dispersa nos permite tener una percepción global de la realidad, global pero poco precisa, poco nítida, poco clara. Una conciencia enfocada nos permite una percepción espacialmente más reducida de la realidad, pero más precisa, más nítida, más clara, más profunda.

En el zen se dice: «Conoce profundamente una cosa y lo conocerás todo».

Lo primero que se aprende en la meditación zen es a enfocar la conciencia mediante el cultivo sistemático de la atención. La atención es, de hecho, la antesala de la conciencia. Sin el enfoque previo de la atención sobre un objeto, no puede producirse la conciencia del objeto. Todo acto de conciencia requiere previamente un acto de atención. Solo podemos ser conscientes de aquello sobre lo que hemos enfocado la atención.

La motivación adecuada

A la luz de lo que se acaba de ver, ¿cuál sería la motivación más adecuada con la que abordar la comprensión y la práctica del zen?

En la tradición se enseña que la motivación más elevada es *bodaishin,* en japonés (*bodhichita,* en sánscrito). *Bodaishin* es una ferviente aspiración al despertar, la determinación inquebrantable de acceder a la experiencia suprema de la existencia humana, para el bien de uno mismo y para el bien de todos los seres vivientes. Dado que todos los seres formamos parte de la misma realidad y somos un solo cuerpo universal, la meta de todos nuestros esfuerzos no puede ser otra que el bien universal, es decir, el bien de todos y cada uno los seres vivientes. Y puesto que nadie puede permanecer en un estado de paz y de felicidad en medio de un océano de dolor y de sufrimiento, el practicante zen no busca solo su propia felicidad, sino que comprende que su propia felicidad es inseparable de la felicidad de aquellos con los que comparte la existencia y, a la luz de esta comprensión, trabaja tanto por su propio bienestar como por el bienestar de los demás.

Conclusión

Todos los seres humanos aspiramos a un estado de gozo-felicidad estable y duradero; sin embargo, la experiencia que más a menudo encontramos es la del dolor y el sufrimiento. La mayor parte de nuestras experiencias de dolor y sufrimiento, tanto físicas como emocionales, psicológicas y existenciales, tiene como causa un estado de conciencia poco clara que la tradición budista llama ignorancia. Esta ignorancia puede ser entendida como un error perceptivo o un conocimiento erróneo de la realidad que somos y en la que existimos. Puesto que todos los seres humanos somos seres dotados de conciencia y la conciencia que somos nos capacita para conocer más profundamente la realidad, podemos hacer uso de nuestras capacidades innatas (por ejemplo, la cualidad de la atención), las cuales, adecuadamente desarrolladas, nos permiten «despertarnos» de nuestra seminconsciencia y alcanzar el estado de Plena Conciencia o Conciencia Despierta.

La meditación zen es un sistema de cultivo y desarrollo de la atención consciente que, practicado de forma adecuada, puede facilitarnos una experiencia de conocimiento en la que se revele nuestra verdadera naturaleza. Esta experiencia es denominada en la tradición zen «despertar» o «iluminación». Sus principales atributos son un estado de gran claridad interior, de profunda serenidad y de pleno gozo interno. El practicante zen, no obstante, no considera este estado como el fin último, sino como el paso necesario para seguir trabajando por la paz y la felicidad de todos los seres vivientes.

Veamos ahora el camino interno capaz de conducirnos a este estado de gracia.

4. La meditación zen

Acerca del término «zen»

La palabra japonesa «zen» es una transliteración del término chino *Ch'an,* el cual, a su vez, es una abreviación de *Ch'an-na,* otro vocablo chino más antiguo. Este último es la transliteración al chino antiguo del término sánscrito *dhyana* (*jjhana,* en pali).

En Occidente se ha traducido habitualmente este término por 'meditación'. La palabra «meditación» tiene un amplio valor semántico y, de hecho, designa prácticas y actitudes muy diversas y alejadas entre sí. Por ejemplo, meditación es a veces sinónimo de reflexión, de pensar en algún asunto o tema, etcétera.

Zen debería ser traducido más bien como 'recogimiento' o 'interiorización'. Personalmente, me gusta entender el término y la práctica zen como 'absorción', o para ser más exacto como 'reabsorción'.

Podemos ver bien reflejado el concepto «reabsorción» en el ciclo de las gotas de rocío. ¿Qué es una gota de rocío? Es la condensación de la humedad ambiente. La humedad es un fenómeno muchas veces imperceptible por los ojos, aunque se puede sentir en la piel, en la carne y en los huesos. Digamos que la humedad viene dada por una determinada cantidad de agua en forma gaseosa en la atmósfera. Cuando se dan las condiciones atmosféricas requeridas, esta humedad difusa se condensa en pequeñas gotas de agua. El agua gaseosa adopta la forma líquida, lo que se conoce como «condensación». Por tanto, la condensación es el proceso mediante el cual el estado gaseoso se transforma en estado líquido.

Todos hemos visto esas gotas brillantes de rocío que adornan las hojas de las plantas y las superficies más diversas durante las mañanas húmedas. Conforme avanza la mañana y el sol va ascendiendo, la temperatura del ambiente asciende también. El calor va secando la humedad ambiente y poco a poco las gotas de rocío van perdiendo su forma líquida conforme se disuelven de nuevo en la humedad ambiente, hasta desaparecer por completo como si nunca hubieran existido. Y bien, a esta fase de disolución del estado líquido y de su transformación en gaseoso podríamos llamarla fase de «absorción» por parte de la atmósfera del agua contenida en la gota de rocío. «Absorción» o «reabsorción», más bien, ya que la atmósfera vuelve a recuperar una cantidad de agua que estuvo previamente fundida en ella.

En términos más metafóricos, podríamos entender la «reabsorción» como un proceso mediante el cual una forma, cuerpo o ser se disuelve en el entorno del que ha emergido, liberando a la atmósfera la energía contenida en su forma, cuerpo o ser.

Nosotros, seres humanos, somos como gotas de rocío, condensaciones particulares de la energía cósmica universal por la que somos y en la que seguimos siendo. El deseo de nuestro padre por nuestra madre y el de nuestra madre por nuestro padre, ambos también condensaciones particulares de la energía cósmica universal, hicieron que sus energías vitales se fundieran en un óvulo fecundado, primera etapa en el proceso de emergencia de nuestra individualidad psicofísica.

En el momento de nuestra muerte, cuando las funciones vitales de este cuerpo-gota de rocío se detengan, comenzará el proceso de disolución mediante el cual el universo reabsorberá en sí mismo la energía vital contenida en nuestra individualidad.

En el budismo, este ciclo de condensación-disolución, o nacimiento-muerte, es conocido en el budismo como *samsara,* la rueda de la vida y de la muerte que gira sin principio ni fin.

¿Qué sucede exactamente en el proceso de la muerte? Sabemos que los cuatro elementos que conforman el cuerpo físico retornan a los cuatro grandes elementos que conforman el universo: la tierra (los elementos básicos que constituyen la materia) vuelve a la tierra; el agua vuelve al agua; el fuego (la temperatura corporal) vuelve al fuego (la temperatura ambiente), y el aire vuelve al aire.

Pero ¿qué sucede con la energía psíquica o mental, con la memoria, con la sabiduría acumulada durante toda una vida, con las tendencias emocionales, en definitiva, con todo ese universo de información? ¿Se pierde en la nada cuando el soporte queda disuelto? Si es así, ¿cómo se produce esa desaparición? ¿Hasta dónde podemos los seres humanos seguir sus huellas en el proceso de reabsorción? Y si esa energía informacional desprendida por un difunto en el momento de su muerte no se pierde del todo, ¿adónde va? Y de la misma forma, ¿hasta dónde podemos seguir sus huellas?

Estas preguntas se las han planteado los seres humanos más inteligentes y lúcidos desde que somos seres humanos y aprendimos a usar la conciencia de ser. El budismo también ha explorado estas preguntas, y antes que el budismo muchos hombres y mujeres que buscaban conocer la naturaleza y la función del ser humano en la vida universal.

Pero antes de adentrarnos en el corazón de la meditación zen me gustaría contar un percance que tuve no hace mucho tiempo.

El ordenador portátil es para mí, como para miles de personas, una herramienta de trabajo casi imprescindible. Por lo general mantengo actualizada la copia de seguridad que conservo en un disco duro externo. Solía realizar manualmente la copia de seguridad cada dos o tres días. Pero no hace mucho tiempo me pasé varios meses sin hacer copia de seguridad para la cantidad ingente de documentos que voy creando cada día. Una mañana me dispuse a encender el ordenador para comenzar mis tareas, y hete aquí que el ordenador se negó a encenderse. No hubo manera. No dio ninguna señal de vida.

Electro-ordenador-grama cero. Inmediatamente lo llevé a reparar, con la esperanza de que la información generada y acumulada durante más de tres meses no se hubiera perdido en la nada. Para mi desgracia, el técnico me confirmó mis peores pronósticos: el disco duro se había fundido, la información contenida en él era irrecuperable. Me desesperé porque, entre otros documentos, los archivos que contenían el 50% del texto de este libro se hallaban en él... ¡Perdidos irremediablemente! No podía ni imaginarme que tendría que comenzar a escribir este libro de nuevo, desde cero. Pensé en llamar al editor para cancelar el acuerdo, pero un conocido me habló de un técnico especializado en recuperar información de discos duros «muertos». A él acudí como la hermana de Lázaro, esperando que resucitara a mi «criatura». Y, en efecto, lo hizo. Recuperó el cien por cien de la información. Al ir a recoger el portátil le expresé mi alegría por el hecho de que la información no se hubiera perdido. Lo que este técnico me dijo sigue trabajando dentro de mí como un *koan* zen: «La información nunca se pierde. Siempre permanece en algún sitio. La cuestión es saber dónde, cómo llegar hasta ella y cómo traerla de vuelta a casa».

Orígenes prebúdicos de la meditación zen

La evidencia más antigua que se conoce de la práctica de la meditación en la postura llamada del loto es una estatuilla encontrada entre los restos arqueológicos de la antigua ciudad de Mohenjo Daro, que se encuentran en el valle del Indo, actual Pakistán. Los arqueólogos la datan en el año 1800 a.c., es decir, hace 3 800 años. La ciudad de Mohenjo Daro fue construida por la civilización dravídica, que se extendía por el continente indio y el valle del Indo antes de la invasión de los arios. Los arios, originarios del Cáucaso y del Mediterráneo oriental, invadieron el continente indio alrededor de 1500 a.c. llevando con ellos las creencias y las prácticas religiosas que con el tiempo darían lugar al hinduismo. Antes de su llegada, la cultura dravídica había alcanzado ya unos niveles de civilización y refinamiento que aún hoy día nos asombran y admiran. Por ejemplo, todas las casas familiares poseían baños propios y las aguas residuales estaban canalizadas en toda la ciudad. Si lo comparamos con el Madrid de los Austrias del siglo XVIII, en el que las aguas residuales eran todavía arrojadas directamente a la calle desde las ventanas, 3 600 años después, al grito de «¡Agua va!», podremos maravillarnos de los logros de esta civilización.

Entre los restos arqueológicos encontrados en Mohenjo Daro destaca una estatuilla en bronce de un hombre en la postura de meditación, tal y como se sigue haciendo hoy día en la práctica de la meditación zen: piernas dobladas en la posición del loto, tronco erguido, brazos a lo largo del cuerpo, mano sobre mano, en una clara actitud introspectiva. Esto nos lleva a ver que la práctica de la meditación en postura sedente es anterior al hinduismo e inicialmente sin relación con la filosofía de los Vedas. Aunque los arios impusieron su religión y sus costumbres a los indígenas indios, también adoptaron algunas de sus prácticas y costumbres y, entre ellas, probablemente la postura de meditación por excelencia.

El Buda Shakyamuni vivió alrededor del siglo v a.c. Para entonces, 1 300 años después de la época de la estatuilla, el hinduismo era la religión dominante y el príncipe Siddharta sería educado en sus principios religiosos y filosóficos. No obstante, cuando el príncipe Siddharta abandona el palacio de su padre no se dirige a los grandes centros religiosos hinduistas, sino a los bosques donde se encuentran los *shramanas,* o ascetas renunciantes. Los *shramanas* eran buscadores de la verdad que habían renunciado a la vida social y a la religión establecida para entregarse a distintas formas de introspección favorecidas por técnicas arcaicas del rapto o del éxtasis místico. A pesar de que existían tantas técnicas como *shramanas,* la meditación en la posición sedente, torso erguido y atención interiorizada, gozaba de una adhesión muy extendida, y la tradición de su práctica se remonta seguramente a mucho antes incluso que Mohenjo Daro.

Una pista de lo que acabo de afirmar la encontramos en el mismo término *shramana.* No se sabe con seguridad el origen ni su antigüedad. Los especialistas están de acuerdo en que el sánscrito *shramana* dio lugar al vocablo chino *scha-men* (que contiene el verbo *scha*: 'saber'). *Schamen* sería 'el sabio', 'el que sabe'. El vocablo chino dio lugar al término tungu *saman,* y este, al término manchú-tungu *xaman,* que los rusos convirtieron en *chamán*. El chamán fue la figura central de la religión más antigua de la humanidad, el chamanismo, cuyos orígenes se remontan a la época de los recolectores-cazadores.

En japonés, el término aparece como *shamon*; y designa a los monjes budistas que optan por una práctica apartada de los núcleos urbanos y de la religión institucionalizada.

El asceta Gautama aprendió meditación o *dhyana* con distintos maestros *shramanas,* de quienes recibió conocimientos e instrucciones técnicas que habían sido transmitidas de generación en generación durante miles de años. Durante más de seis años, Gautama practicó *dhyana* y distintas técnicas ascéticas, ayunos y mortificaciones. Al final, decidió simplemente sentarse en meditación y perfeccionar su dominio de los distintos grados de *dhyana*. No obstante, lo que realmente le condujo hacia la experiencia suprema de la iluminación no fueron solo los distintos grados de *dhyana,* sino un nuevo descubrimiento cuya aplicación sería decisiva para su realización final.

Importancia de la postura corporal en la meditación zen

De todas las posturas que puede adoptar el cuerpo humano, la postura corporal de la meditación zen es la que proporciona la mejor relación entre la estabilidad y la vigilia. Por un lado, hay posturas mucho más estables, como por ejemplo la postura acostada, que es la más estable de todas. Esta es la que requiere el menor esfuerzo, por eso es la que utilizamos cuando queremos descansar, desconectar y sumirnos en el sueño profundo. La postura acostada aporta la mayor estabilidad, pero no permite que la conciencia permanezca en un estado de vigilia. Cuando nos recostamos, naturalmente nos relajamos, nos adormilamos y terminamos por caer en el sueño profundo. Por otro lado, existen otras posturas corporales que generan un mayor estado de vigilia que la posición de zazen. En el yoga existe una postura o *asana* en la que uno permanece de pie, apoyado en una sola pierna, la otra doblada, y con las manos unidas en la cima de la cabeza. Esta posición requiere y genera un estado agudo de vigilia. Tenemos que mantenernos muy alerta para no perder el equilibrio. No obstante, es difícil mantenerse mucho tiempo en ella. Resulta imposible olvidarse del cuerpo en esta postura porque es muy inestable.

El estado de meditación requiere una perfecta integración de estos dos aspectos: estabilidad y vigilancia. La estabilidad corporal genera estabilidad emocional y mental, y conduce a la calma y a la serenidad. La vigilancia nos permite mantenernos alertas y despiertos, lo cual produce un grado de lucidez imprescindible para que surja la observación y la comprensión. Por lo tanto, la postura de zazen es la más indicada para generar serenidad y lucidez en la proporción adecuada.

En la posición de zazen, las piernas están dobladas en la llamada postura de loto. Los empeines se apoyan en los muslos, en unos puntos concretos de acupuntura que activan unos determinados canales energéticos.

Las dos rodillas están bien apoyadas sobre el suelo y las nalgas sobre el zafu. Esto genera una base más o menos triangular. Esta base triangular proporciona una gran solidez, al mismo tiempo que dinamismo energético. Las dos rodillas están en contacto con la tierra, lo cual nos mantiene continuamente en contacto con la solidez del elemento tierra, con el principio de realidad, con la materia.

A partir de esta base estable, la columna vertebral puede erguirse perfectamente, sin ningún obstáculo ni bloqueo. Realizamos así el significado de la condición humana que se halla asociado a una columna vertebral erguida. La columna vertebral es el sostén de gran parte del sistema nervioso, de la médula espinal y de todo el armazón óseo y muscular. Nuestra columna vertebral es el pilar maestro de nuestro cuerpo y el *axis mundi* de nuestro universo personal.

Una columna vertebral bien situada en el eje vertical exacto (sostenida por los músculos dorsales, lumbares, intercostales, etcétera) permite que el pecho se abra. Cuando nada le oprime, el pecho se abre, lo cual facilita una actitud de apertura energética, emocional, mental y espiritual.

Teniendo como base la verticalidad justa de la columna, la cabeza puede permanecer bien equilibrada sobre los hombros. Los músculos del cuello juegan aquí un rol importante. La práctica de la meditación zen fortalece los músculos del cuello, de forma que pueden sujetar perfectamente la cabeza sobre los hombros. A menudo digo que el arte de zazen consiste, entre otras cosas, en mantener la cabeza bien equilibrada sobre los hombros: ni inclinada hacia delante ni hacia atrás ni a un lado ni al otro. Regulando la posición de la cabeza podemos regular el estado emocional y mental. Por ejemplo, los estados depresivos van acompañados de una pérdida de tono de los músculos del cuello. La cabeza tiende así a caer hacia delante. Lo mismo sucede con los estados de adormecimiento. Por el contrario, cuando aparece un exceso de pensamientos o de estimulación, la cabeza tiende a levantarse. También la soberbia y el orgullo hacen que la cabeza se incline ligeramente hacia atrás. En el zen aprendemos a regular el estado mental y emocional mediante la regulación de la postura corporal. Cuando la cabeza se mantiene perfectamente centrada sobre los hombros, el estado de ecuanimidad aparece y se estabiliza.

Los hombros deben permanecer bien relajados. Este es un punto difícil. El estrés se manifiesta en la rigidez y tensión de los hombros. La zona de los hombros es muy importante porque constituye el puente de comunicación entre la cabeza y el resto del cuerpo, es decir, entre la parte del sistema nervioso que se encuentra en el cerebro y el resto del sistema nervioso. Por la zona nerviosa de los hombros circula una gran cantidad de información. Si la zona está bloqueada por una tensión excesiva, la comunicación entre el cerebro y el resto del sistema nervioso no es óptima. Se produce una escisión: la cabeza va por una parte, el cuerpo, por otra.

Los brazos caen con naturalidad a lo largo del cuerpo al que no están pegados, pero tampoco muy separados de él. Si concebimos el sistema nervioso como un árbol, la posición de zazen permite que esté totalmente abierto y expandido. También podemos comparar el sistema nervioso con un radar que capta y emite informaciones y estímulos, lo cual nos permite aprehender de forma adecuada la realidad e interactuar con ella. En la posición de zazen, el radar está completamente abierto y desplegado. Eso es un punto muy importante. ¿Por qué? Porque de este modo la conciencia puede manifestarse en todo su esplendor.

El sistema nervioso humano es el soporte que permite la manifestación de la conciencia, de la misma forma que un aparato receptor de radio permite la manifestación de las ondas de radio. Cuanto más limpio, receptivo y desbloqueado sea el receptor, mayor será la calidad de la recepción.

En la postura de zazen, cada punto del cuerpo es fundamental. La sabiduría del Buda es una ciencia exacta, una experiencia existencial que puede ser reproducida por cualquier ser humano que siga exactamente el procedimiento y el método experimental, en cualquier lugar y en cualquier época. Así es la ciencia y la tecnología que han sido transmitidas de generación en generación por el linaje zen.

La postura de zazen es la base física y corporal de la experiencia conocida como despertar espiritual. Para el budismo zen, el despertar espiritual no es una especie de iluminación abstracta, mental o simbólica, sino que tiene una base física, neurofisiológica y neuroquímica fundamental.

Cuando practicamos zazen, estamos abriendo y desbloqueando una compleja red de circuitos energéticos y nerviosos. Por ello, la metodología de zazen es muy importante. No basta con sentarse de cualquier manera. La postura de zazen es un todo en el que cada zona está interrelacionada con las demás. Por ejemplo, la intensidad luminosa de la conciencia, el estado de lucidez, depende directamente del tono muscular general del cuerpo. A veces lo tenemos muy crispado; eso impide que la energía y la información circulen libremente por el sistema nervioso. Otras veces tenemos un tono muscular demasiado laso; eso también evita que la energía y las informaciones circulen de una forma fluida por el sistema nervioso. Al practicar zazen aprendemos a generar un tono muscular adecuado y equilibrado: ni hipertensión ni hipotensión. Además, cada parte del cuerpo requiere un tono diferenciado y específico. No se requiere el mismo tono en las manos que en los músculos dorsales, por ejemplo. El potencial eléctrico de cada zona de la postura es distinto. Con la experiencia y el entrenamiento aprendemos a tonificar adecuadamente cada zona del cuerpo. Generamos una conciencia corporal cada vez más sutil y profunda.

Nuestra historia individual, así como la historia universal, está grabada en nuestro cuerpo. Nuestra postura corporal refleja, aquí y ahora, lo que somos y lo que hemos sido. Al sentarnos, la historia de nuestra civilización y la memoria de nuestros antepasados se manifiestan aquí y ahora. Sus luchas y sus sufrimientos, sus logros y toda la herencia que nos han dejado, tanto en lo positivo como en lo negativo, aparecen en nuestro cuerpo en forma de tensiones, dolores, molestias o inconsciencia. La postura de zazen facilita la autoobservación. Gracias a la autoobservación tomamos conciencia de nuestras tensiones, bloqueos y malestares. Después, gracias a la respiración adecuada, podemos disolver estas tensiones y liberarnos de las cargas innecesarias del pasado.

La respiración es un fluido energético que riega todo el cuerpo, un agua pura —la pura energía vital generada por la respiración— que podemos usar para limpiar tensiones y bloqueos y liberar memorias ancestrales.

La posición de loto es la postura por excelencia para la meditación zen.[1] No obstante, tenemos que reconocer nuestros límites corporales. Si alguien no puede adoptar el loto completo, debe optar por el medio loto. No es lo mismo, pero también tiene su eficacia. Y si tampoco el medio loto es factible, siempre podemos recurrir a la postura de cuarto de loto, e incluso cuando esta tampoco puede ser adoptada, existe la llamada postura birmana (¡la mitad del cuarto de loto!), en la que los dos empeines están en contacto con el suelo. Lo importante, en cualquier caso, es que las dos rodillas permanezcan siempre en contacto con el suelo porque es esto lo que da estabilidad a la postura sedente.

Por último, para aquellos que tengan muchas dificultades con todas las posturas anteriormente citadas, la postura japonesa conocida como *seiza* es factible, o bien el sentarse sobre un banquito de meditación y, en última instancia, en una silla.

Efectos de la meditación zen

La meditación zen no es un sistema terapéutico, en el sentido habitual del término. No es una gimnasia física ni mental, y su función no es la de curar enfermedades específicas, ni físicas ni psicológicas. La principal función de la práctica de la meditación zen es la de clarificar la naturaleza de nuestro ser, es decir, ayudarnos a despertar a lo que somos.

Si bien la meditación zen actúa sobre los niveles corporal, emocional y mental, su campo de acción específico es el de la conciencia: la conciencia de ser lo que somos, tal y como somos. No obstante, la conciencia no es distinta del cuerpo, ni de la actividad emocional ni de la actividad mental, por lo cual, cuando se producen cambios importantes en nuestra conciencia de ser, estos se manifiestan inmediatamente en nuestra manera de ser cuerpo, de experimentar las emociones y de pensar y concebir la realidad. Veamos, someramente, algunas de estas manifestaciones.

Lo corporal

La meditación zen transforma y mejora radicalmente nuestra imagen corporal interna (y, por añadidura, la externa). Esto es debido a la accesibilidad de la conciencia a muchas señales que antes pasaban inadvertidas: funcionamiento de los órganos internos, tono y estado muscular, equilibrio ergonómico, respiración, presión sanguínea, sentido del movimiento, relación con la gravedad terrestre, relación con el espacio, estructura muscular y ósea, etcétera. Parece como si, gracias a una práctica asidua, la meditación zen nos volviera «transparentes» a nosotros mismos, desde un punto de vista corporal y fisiológico. La conciencia de nuestra fisiología aumenta en profundidad y en calidad. Un dicho zen del siglo v lo expresa así: «Hacemos zazen con la piel, con la carne, con los huesos, con la médula». Esto es, tomando conciencia de la piel, de la carne, de los huesos, de la médula, de todo el cuerpo, tanto en su forma externa y su relación con el espacio como en su funcionamiento interno.

Esta autoconciencia corporal es fundamental a la hora de practicar una medicina preventiva basada en un modo de vida respetuoso con las necesidades corporales (sueño adecuado, alimentación adecuada, actividad física adecuada, posiciones corporales adecuadas, etcétera), y al mismo tiempo es la base de un autodiagnóstico continuado que facilita las funciones homeostáticas del cuerpo.

El enderezamiento de la columna vertebral no solo facilita el control del equilibrio alrededor de un eje vertical, sino que permite también una relajación del conjunto muscular que no es necesario para el mantenimiento de la posición. La musculatura de los hombros, de los brazos y del vientre se encuentra relajada. Aparte del efecto benéfico inmediato de esta relajación, esto permite también suprimir las tensiones impuestas a las vísceras y tiene consecuencias sobre el funcionamiento de los aparatos digestivo, urinario y reproductor. El enderezamiento del cuerpo y la distensión de la parte superior del tronco permiten que los pulmones se hinchen y se llenen de aire de manera óptima, sin que la musculatura respiratoria tenga que hacer un esfuerzo importante.

Sin embargo, la relajación de los músculos implicados en la locomoción y en la vida de relación no conlleva que el conjunto de los músculos estriados esté relajado. En efecto, el mantenimiento del tronco erguido implica que la musculatura de sostén conserva un tono suficiente, esencialmente en la zona de la musculatura dorsal y, en particular, en la nuca. Las diversas pruebas de la actividad eléctrica (electromiograma) de estos músculos durante zazen muestran que en efecto no están en reposo. No obstante, el esfuerzo exigido por estos músculos disminuye con la experiencia de meditación, puesto que en los sujetos muy entrenados en zazen se constata una actividad muscular más débil que en los principiantes. Esto corresponde, por una parte, a la eliminación de las crispaciones inútiles para mantener la postura y, por otra, a un aprendizaje del equilibrio del armazón óseo que tiene como consecuencia una disminución del esfuerzo de la musculatura de sostén.

A pesar de esto, el equilibrio de la postura, la relajación muscular y el mantenimiento del tono antigravedad durante zazen no constituyen un fin en sí mismo. La meta de la meditación zen no es la de mantener una postura sedente, simple y rigurosa. Para los maestros zen, el cuerpo y la mente son nodos. La actitud del cuerpo y la actitud del espíritu están interrelacionadas. Diferentes actitudes corporales corresponden a diversos estados de espíritu, de la misma manera que tal o cual sentimiento se expresa de tal o cual forma en el cuerpo.

El zen enseña que existe una estrecha interrelación entre la postura corporal y los contenidos psicológicos. Esta afirmación se ha visto corroborada por el siguiente experimento: se han registrado los movimientos del centro de gravedad en tres grupos de sujetos sentados en zazen. Se ha constatado que el desplazamiento del centro de gravedad es amplio en los neuróticos, mediano en los sujetos normales y débil en los sujetos experimentados en zazen. Si se comparan los sujetos neuróticos con los normales, aparece una relación entre el desequilibrio psicológico y la estabilidad corporal. Si se lleva más lejos este razonamiento, es posible decir que los sujetos experimentados, más estables en su postura, son también más estables psicológicamente. No obstante, en rigor, esta observación requiere ser completada con tests psicológicos.

Se han realizado una serie de experimentos con el fin de estudiar la estabilidad de las diferentes posturas sedentes o de rodilla, modificando distintos detalles, tales como posición de manos, de brazos, de la cabeza, sin cojín, etcétera. La conclusión fue que la postura de zazen, especialmente el loto completo, es la posición más estable.

La respiración

Dentro de la conciencia corporal reviste especial importancia la conciencia de la respiración que genera la práctica de la meditación zen. De hecho, la concentración sobre la respiración es la puerta principal por la que los meditadores entramos en el estado de meditación o atención lúcida. Existe una estrecha relación entre respiración, *kikaitandem,* formación bulbo-reticular y alerta general del cerebro. En el zen se dice que la respiración es el nexo de unión entre lo material (visible) y lo espiritual (invisible).

Durante la meditación zen, la conciencia de la respiración aumenta considerablemente, haciéndonos ver la función fundamental de la respiración en el estado general del cuerpo y de nuestro ser en su totalidad. Los estudios de los profesores Yuhiro Ikemi y Y. Sugi, de la Universidad de Tokio, entre otros, ponen de relieve los profundos procesos metabólicos que se producen en el organismo gracias a la respiración practicada durante la meditación zen. El modo de respiración practicado durante zazen, caracterizado por una espiración larga y profunda, permite eliminar el aire residual que constituye normalmente un tercio de la capacidad pulmonar y que está compuesto por gas viciado inútil para la oxigenación.

Al mismo tiempo, durante zazen se produce un menor consumo de oxígeno y una posibilidad mayor de oxigenación pulmonar; todo lo cual reduce considerablemente el trabajo respiratorio. De hecho, el registro del ritmo respiratorio durante zazen muestra una considerable disminución del ritmo y un aumento de la amplitud. A su vez, el análisis del consumo de oxígeno muestra que este disminuye notablemente. Dado que el oxígeno es el carburante orgánico, parece ser que el consumo de energía durante zazen es muy reducido.

Se ha constatado también que, inexplicablemente, el metabolismo durante zazen es inferior al del sueño. Se puede considerar, pues, que el reposo orgánico —dependiente del sistema nervioso central— alcanzado durante zazen es más profundo que el obtenido durante el sueño. Se pueden imaginar fácilmente las profundas consecuencias que esto tiene sobre la salud, entre ellas un importante equilibrio entre el sistema nervioso simpático y el parasimpático. El reposo orgánico tiene además como consecuencia una reducción de la producción de desechos, aunque los órganos implicados —riñones, hígado, piel, pulmones— continúan asegurando su función de purificación.

La meditación zen genera una profunda limpieza fisiológica. Esto es fácil de observar en los rostros de las personas que acuden a un retiro intensivo de meditación zen: al cabo de dos días de práctica asidua, los rostros se vuelven mucho más abiertos, la piel más limpia, clara y brillante. Según nuestros conocimientos, se han realizado pocos experimentos científicos en este campo. Los análisis bioquímicos a personas experimentadas en meditación zen son escasos. Una supervisión importante ha sido realizada, sin embargo, en referencia a la presencia de ácido láctico en la sangre. Se sabe que este ácido es un desecho resultante de la combustión de la glucosa a nivel muscular. Se ha constatado que la presencia de ácido láctico después de zazen es mucho más débil. Este resultado puede ser comparado con la observación de una tasa de ácido láctico a menudo superior a la normal en los depresivos y en los individuos patológicamente ansiosos. La disminución de ácido láctico podría ser una de las causas del bienestar y el sentimiento de optimismo a menudo experimentado después de zazen.

La actividad sensorial

Las conciencias sensoriales se vuelven especialmente nítidas y agudas gracias a la práctica de la meditación zen. Al mismo tiempo, se produce una regulación de la intensidad entre los distintos sentidos. Por ejemplo, la actividad visual pierde parte de su extrema importancia. La mirada se vuelve más flexible y suave, relajándose la tensión ocular que caracteriza a los seres humanos que viven en medios visualmente saturados. La mirada pierde fijeza y rigidez y gana en amplitud y profundidad de campo. Podemos decir que la meditación zen facilita una redefinición visual de la realidad. Por otra parte, otros sentidos más atrofiados en los seres humanos, como el olfato y el oído, aumentan su campo y la definición de los estímulos asociados. Especialmente agudo se vuelve el sentido de la audición. Muchos estímulos auditivos que no suelen alcanzar el umbral de conciencia en la vida cotidiana son percibidos con claridad durante y después de la meditación zen. Lo mismo sucede con las sensaciones corporales (sinestésicas). Debido a esto, el practicante asiduo de zazen desarrolla una aguda conciencia corporal que le permite localizar posibles desequilibrios cuando estos aún se encuentran en su fase inicial.

La meditación zen, a diferencia de otras meditaciones, no provoca desconexión sensorial completa, salvo en ocasiones puntuales. El practicante debe permanecer en todo momento consciente de su actividad sensorial, aunque su punto de observación debe hallarse en un plano suprasensorial. Esta actitud permite al practicante dos cosas: por un lado, desarrollar ecuanimidad respecto a las sensaciones y, por otro, permanecer continuamente atento a ellas.

Esto quedó demostrado en el siguiente experimento llevado a cabo en la Universidad zen de Komazawa, Japón: se pidió a un yogui hindú y a un maestro zen que entraran, por separado, en los estados de meditación habituales para ellos. Previamente se les habían colocado electrodos en la cabeza que permitieran registrar sus encefalogramas. Al cabo de cierto tiempo, cuando ambos meditadores se hallaban en su estado de meditación habitual y su encefalograma comenzaba a registrar ondas theta, se hizo sonar una campana cerca de sus oídos. La respuesta del yogui vino dada por una reacción lenta, registrada como ondas beta, y un retorno también lento al estado theta. Por el contrario, la respuesta del maestro zen fue inmediata, aparición instantánea de ondas beta, y su retorno al estado de meditación profunda (theta) fue también mucho más rápido que el del yogui. Este simple experimento conlleva profundas implicaciones filosóficas, religiosas y morales.

En efecto, podemos sintetizar de la siguiente manera las dos actitudes básicas que los diferentes sistemas religiosos y filosóficos tienen hacia el mundo sensorial:

• La verdad se halla más allá de los sentidos (espiritualismo, idealismo).

- La verdad se halla exclusivamente en los sentidos (materialismo, positivismo).

La primera visión insta a los seres humanos a ir más allá de los sentidos, estimulando el abandono del mundo sensorial-material y, por lo tanto, de los estímulos sensoriales.

La segunda ciñe la actividad de la mente humana a la esfera sensorial-material, limitando o minimizando la exploración de las experiencias suprasensoriales.

El zen enseña el camino medio: ni exclusivamente sensorial ni exclusivamente suprasensorial, ni materialismo ni espiritualismo, ni sometimiento a los sentidos ni negación de la realidad sensorial.

La actividad emocional

El principal aporte de la meditación zen al equilibrio emocional viene dado por el estado de ecuanimidad que genera. Este hecho tiene profundas repercusiones en el proceso de captación, transmisión, recepción y procesamiento de las señales. La actividad emocional básica de cualquier ser humano oscila entre tres actitudes:

- Deseo, avidez.
- Aversión, rechazo.
- Indiferencia.

Ante un estímulo dado, la mente humana reacciona de una de estas tres maneras. Cuando esta reacción es automática e inconsciente, la apreciación del estímulo queda teñida o condicionada por la reacción emocional desencadenada. Este hecho imposibilita una correcta captación, transmisión y procesamiento de la información. Un ejemplo: un hombre vuelve de noche a su casa en estado de embriaguez. Al cruzar el jardín ve una serpiente. Inmediatamente, sin reflexión previa, coge un palo y golpea a la serpiente hasta dejarla muerta. A la mañana siguiente, recuperada la sobriedad, se dirige al jardín y se encuentra con la manguera de riego rota. ¡Había confundido la manguera con una serpiente!

La visión de una serpiente despierta una fuerte reacción emocional de rechazo en muchas personas. En el caso de nuestra historia, esta aversión fue un obstáculo a la hora de captar, transmitir y procesar correctamente el estímulo visual. El estado de ecuanimidad emocional es una garantía de autenticidad en el correcto funcionamiento de la actividad perceptiva. Ecuanimidad quiere decir que el cerebro va a procesar la información sin verse mediatizado ni por la atracción ni por el rechazo ni por la indiferencia.

Algunas personas confunden el estado de ecuanimidad emocional con el de indiferencia cuando, en realidad, se trata de dos actitudes completamente distintas. La indiferencia impide una captación clara del estímulo, ya que al haber sido clasificado de «poco importante», la atención no se enfoca sobre él. Por lo tanto, tampoco hay reacción. Lo indiferente no nos hace reaccionar. Por el contrario, la ecuanimidad no es ausencia de reacción; lo que la ecuanimidad hace es impedir una reacción apresurada, automática y ciega. La ecuanimidad proporciona al sistema nervioso un mecanismo de verificación y un sistema de autorregulación que impide respuestas extremas y poco adaptadas a la realidad. Este estado de ecuanimidad generado por la meditación zen no es de ninguna manera una falta de actividad emocional, sino un estado de equilibrio entre los dos polos opuestos de toda actividad emocional.

Durante zazen, un practicante avanzado puede estar experimentando emociones profundamente subjetivas y, al mismo tiempo, puede encontrarse en un estado de contemplación objetiva de esas mismas emociones, estado caracterizado por la ecuanimidad. Es a esto a lo que muchos psicólogos y antropólogos llaman «conciencia dialógica».

La actividad intelectual

Zazen no es una meditación discursiva. No se trata de pensar sobre algo. Su objetivo tampoco es dejar de pensar. En lenguaje zen se dice:

> Pensar sin pensar.
> No pensar pensando.
> Pensar desde el fondo del no-pensamiento.

Veamos de qué trata esta especie de trabalenguas: el pensamiento discursivo consciente es el producto final de un largo y complejo proceso cognitivo que culmina en la actividad del lóbulo frontal (centro de control y decisión consciente que regula el sistema nervioso voluntario). Como hemos visto, el sistema nervioso voluntario (SNV) se encuentra hiperestimulado en la mayor parte de los habitantes de las sociedades posmodernas, en detrimento del sistema nervioso autónomo. Esta hiperestimulación del SNV se manifiesta en una hiperactividad mental consciente, es decir, en un exceso de pensamientos generados por el lóbulo frontal. En los registros de electroencefalogramas, esta actividad mental adopta la forma de ondas beta. Debido a ello, muchos contemporáneos desean liberarse de la tensión mental producida por un exceso de pensamientos conscientes.

La meditación zen relaja la actividad del lóbulo frontal y estimula la del tálamo, hipotálamo y demás zonas del llamado cerebro primitivo, el cual, básicamente, regula el funcionamiento del sistema nervioso autónomo y, a través de él, la actividad biológica inconsciente. A medida que esto se va produciendo, el electroencefalograma indica la presencia de ondas alfas y theta en el cerebro.

Las ondas alfa son emitidas por practicantes experimentados de meditación zen unos 10 minutos después del comienzo de la sesión. A los 30 minutos, el registro cerebral de ondas theta indica objetivamente que el practicante ha alcanzado un estado profundo de meditación, comparado a una «ensoñación consciente».

Los viejos maestros experimentados consiguen permanecer en el límite entre las ondas theta (ensoñación consciente) y las delta (sueño profundo). Podríamos afirmar que este estado constituye el equilibrio perfecto entre actividad mental consciente y actividad mental inconsciente, o, lo que es lo mismo, entre sistema nervioso autónomo y sistema nervioso voluntario. En este estado, la actividad del lóbulo frontal (pensamientos) no bloquea ni condena completamente a la inconsciencia la actividad del cerebro profundo (no-pensamientos). Se da un equilibrio entre el estado de pensamiento y el de no-pensamiento. Este hecho tiene grandes y muy beneficiosas repercusiones en el estado de bienestar de los habitantes de las grandes ciudades modernas.

Por ejemplo, uno de los problemas más extendidos en el mundo desarrollado es el del insomnio. El insomnio es la incapacidad de la mente de liberarse de la actividad del lóbulo frontal y de conectar con el cerebro profundo y con el sistema nervioso autónomo. Es decir, la incapacidad del cerebro de liberarse de la actividad beta y generar actividad alfa, theta y delta. Al no poder acceder al sueño profundo (durante el cual se autorregula el metabolismo general gracias a la actividad del sistema nervioso autónomo), el estado de salud y el del bienestar global disminuyen. Dormir es «desconectarse» del yo-autoimagen consciente y de la tiranía del lóbulo frontal. Los registros del metabolismo que han sido llevados a cabo en practicantes avanzados de meditación zen dejan ver que su estado es muy similar al del sueño profundo y al de ensoñación, aunque con la gran diferencia de que su conciencia permanece despierta. Por esta razón, muchos psicoterapeutas recomiendan o estimulan la práctica de zazen en sus pacientes, ya que este estado de ensoñación consciente facilita, por una parte, el acceso a los contenidos inconscientes y, por otra, un cierto nivel de autoconciencia necesario para una correcta integración de estos en la estructura mental consciente.

La conciencia

La meditación zen es sobre todo una técnica de expansión y de despertar de la conciencia que permite una captación sensorial más amplia, una transmisión de las señales más fluida, un procesamiento de la información más completo y, por lo tanto, una reacción más adaptada a la realidad. La conciencia despierta y expandida propia de la meditación zen no es ya identificable con la actividad del yo-autoimagen consciente (lóbulo frontal), sino que incluye también actividad inconsciente (cerebro profundo), trascendiendo esta división categórica y generando un tipo de actividad nerviosa holística e integradora. San Juan de la Cruz expresó este estado en sus famosos versos:

> No saber sabiendo,
> toda ciencia trascendiendo.

El comportamiento y las relaciones

Los efectos benéficos e integradores de la práctica de zazen, si son de verdad reales, deben observarse necesariamente en el comportamiento general de sus practicantes. Después de 30 años dedicado a la práctica y a la enseñanza del zen, mi experiencia personal me lleva a decir que aquellas personas que hacen de la meditación zen una constante en sus vidas experimentan cambios sustanciales en su manera de ser, de estar y de relacionarse con el mundo. En la actualidad, no tenemos ningún estudio objetivo que permita cuantificar y definir estos cambios, pero creo que sería muy interesante que dicho estudio pudiera llevarse a cabo.

En el trono del Buda

Te invito a que te sientes, aunque sea virtualmente, en el trono del Buda. El trono del Buda es el cojín de meditación.[2] Shakyamuni se confeccionó un cojín con hierbas secas con el fin de realzar ligeramente la curvatura lumbar. Este giro de la pelvis es importante porque ayuda a apoyar el peso del cuerpo en las dos rodillas que están en contacto con el suelo.

Sitúa tu cojín de meditación en un lugar tranquilo y silencioso. La habitación no debe estar demasiado iluminada ni demasiado oscura. No debe hacer demasiado frío ni demasiado calor. Procura que la habitación esté limpia y ordenada antes de sentarte. Puedes quemar una varilla de incienso, si quieres.

Resérvate un tiempo determinado y no permitas que nada interrumpa tu meditación.

Siéntate tranquilamente justo en el centro del cojín, sin prisas.

La postura del Buda

Puedes sentarte en la posición de loto o en la de medio loto. En la postura de loto pon primero el pie izquierdo sobre el muslo derecho y el pie derecho sobre el muslo izquierdo. En la postura de medio loto pon el pie izquierdo sobre el muslo derecho. Si haces más de una sesión, alterna la posición de las piernas.

Estas son las dos posiciones más convenientes para la meditación zen. Lo esencial es que las rodillas se apoyen sólidamente sobre el suelo y las nalgas sobre el zafu. Este triángulo es la base de la postura de zazen.

Una vez hayas adoptado bien esta posición de piernas, estira completamente la columna vertebral, tensa la nuca y recoge la barbilla. Asegúrate de que tu cabeza esté bien equilibrada sobre los hombros, ni inclinada hacia delante ni hacia atrás, ni hacia la izquierda ni hacia la derecha. Estira la nuca como si un hilo invisible tirara de ti desde el cielo. Permite que tus ojos permanezcan medio cerrados. La boca cerrada; las mandíbulas en contacto, sin tensión. La lengua quieta, tocando el paladar superior.

Cuando estés seguro de la estabilidad de la postura y de la verticalidad de la columna vertebral, inspira por la nariz y espira por la boca dos o tres veces seguidas. A partir de la tercera espiración por la boca, inspira y espira únicamente por la nariz, de forma pausada y completamente silenciosa.

Los hombros están relajados, los brazos caen a lo largo del cuerpo. La mano izquierda reposa sobre la mano derecha, ambas con las palmas hacia arriba. Los dedos pulgares se tocan con suavidad, formando una línea completamente horizontal. Si la postura de tus piernas es correcta, tus manos están apoyadas en los talones de los pies, o bien sobre los muslos, cerca de las ingles.

Una vez que te encuentres en la postura corporal adecuada, puedes adentrarte en el cultivo de la absorción.

Los cuatro grados de *dhyana*

En términos psicológicos, debes entender *dhyana* como un estado en el que has retirado la atención mental de los fenómenos externos y la has dirigido hacia el interior de tu mente-conciencia. De aquí, la traducción posible de *dhyana* como "recogimiento o introspección'.

Tradicionalmente, ya antes de la época del Buda, se distinguían cuatro niveles de *dhyana* y un estado previo conocido como «concentración de acceso».

Para adentrarte en el estado de *dhyana* debes generar previamente el estado de «concentración de acceso». Esto fue lo que hizo el Buda Shakyamuni.

La concentración de acceso

«Concentración de acceso» es la concentración imprescindible para acceder al estado de *dhyana*. La mejor manera de generarla es fijando la atención sobre la respiración. Esto es lo primero que necesitas aprender. Para poder hacerlo, tienes que apartar de tu mente cualquier deseo que no sea permanecer perfectamente concentrado en la respiración. No te importe olvidar incluso quién eres o dónde estás. Olvida todo lo referente al mundo externo, a las personas que conoces, a las tareas que tienes pendientes, etcétera. Concéntrate solo en la respiración, es decir, toma conciencia de ella. Cuando espiras, sabes que estás espirando. Cuando inspiras, sabes que estás inspirando. Si la espiración es larga o corta, profunda o superficial, sabes perfectamente que la espiración es larga o corta, profunda o superficial. Tu atención está siempre, instante tras instante, enfocada en la respiración. Al principio puede que encuentres dificultades. Todo entrenamiento exige la superación de las dificultades iniciales y sentarse en zazen es un entrenamiento de la atención. La respiración debe convertirse en el objeto principal de la atención. Puede que aparezcan pensamientos diversos, recuerdos, sensaciones, impulsos volitivos... No te preocupes. No luches contra los contenidos que aparecen en tu campo de conciencia. Simplemente déjalos pasar como si fueran nubes en el cielo. Retírales la atención con suavidad y enfócala continuamente en la respiración, desde el inicio hasta el final de cada ciclo respiratorio: inspiración, espiración, inspiración, espiración..., y así sucesivamente.

Si tu mente está muy dispersa y te resulta muy difícil mantener enfocada la atención en la respiración, puedes recurrir a algunos de los métodos que te permiten anclarla.

Métodos para mantener la atención anclada en la respiración

1. Sigue simplemente el flujo respiratorio. Enfoca tu atención en las fosas nasales y toma conciencia de la sensación que produce el aire al entrar por ellas durante la inspiración. Notarás que el aire que entra es ligeramente fresco. Durante la espiración mantén la atención focalizada en las fosas nasales y en el labio superior. Notarás que el aire al salir es ligeramente más cálido. Mantente centrado en la sensación de aire fresco durante la inspiración y de aire tibio durante la espiración. No permitas que tu atención sea atraída por ninguna otra cosa. Mantente así, instante tras instante, sin debilitar la determinación de permanecer perfectamente concentrado en la respiración.

2. Si este método no es suficiente para evitar la dispersión mental, puedes utilizar el de contar respiraciones. Existen muchas maneras de contar respiraciones. Te propongo las dos más usadas:

a) Inspira lo más amplia y profundamente posible, pero sin hacer ningún esfuerzo especial. Espira de la misma forma. Al final de la espiración dices mentalmente: «uno». Deja que la inspiración se produzca, después la espiración. Di mentalmente: «dos». Y así hasta llegar a diez. Al completar el ciclo de diez respiraciones completas, recomienza como al principio a contar desde uno hasta diez. Y así sucesivamente, durante todo el tiempo que dure la meditación.

b) Este otro método de contar respiraciones es un poco más complejo y se revela muy eficaz para mentes complejas acostumbradas a pensar en varias cosas al mismo tiempo.

Inspira y espira de forma tranquila. Al final de la espiración dices mentalmente: «uno». Continúa así hasta contar cinco respiraciones completas. Al final de la quinta espiración dices: «cinco» y «uno». Es decir, agrupas cinco respiraciones en un ramillete al que llamas «uno».

Y comienza de nuevo, inspirando y espirando. Al final de la quinta espiración del segundo ciclo dices mentalmente: «cinco» y «dos».

Y continúa. Al final de la quinta espiración del tercer ciclo dices mentalmente: «cinco» y «tres».

Y continúa. Al final de la quinta espiración del cuarto ciclo dices mentalmente: «cinco» y «cuatro».

Y continúa. Al final de la quinta espiración del quinto ciclo dices mentalmente: «cinco» y «cinco» y «uno». Es decir, agrupas los cinco ramilletes en un ramo al que llamas «uno». Hasta aquí has permanecido atento a veinticinco respiraciones seguidas, agrupadas en cinco ramilletes de cinco respiraciones cada una.

Repite este mismo proceso al menos cinco veces. La tarea consiste en permanecer atento al menos a 125 respiraciones seguidas agrupadas en cinco ramos de cinco ramilletes cada uno, los cuales están formados por cinco respiraciones conscientes.

He aquí el esquema gráfico del ciclo completo:

o o o o o - 1
o o o o o - 2
o o o o o - 3
o o o o o - 4
o o o o o - 5 - 1 (25 respiraciones)

o o o o o - 1
o o o o o - 2
o o o o o - 3
o o o o o - 4
o o o o o - 5 - 2 (25 respiraciones)

o o o o o - 1

o o o o o - 2

o o o o o - 3

o o o o o - 4

o o o o o - 5 - 3 (25 respiraciones)

o o o o o - 1

o o o o o - 2

o o o o o - 3

o o o o o - 4

o o o o o - 5 - 4 (25 respiraciones)

o o o o o - 1

o o o o o - 2

o o o o o - 3

o o o o o - 4

o o o o o - 5 - 5 (25 respiraciones)

En total, 125 respiraciones conscientes sin interrupción.

Por lo general, esto te llevará entre 20 y 30 minutos, que es un tiempo adecuado para una sesión de meditación.

Es fundamental que no confundas la práctica de *prestar atención a la respiración* con *controlar la respiración*. La respiración no debe ser controlada ni forzada en ningún momento ni de ninguna forma. Debes permitir que fluya con naturalidad, por ella misma. No necesitas hacer ningún esfuerzo para respirar. La respiración sucede más allá de tu vo-

luntad personal y de tu control consciente. Lo único que tienes que hacer es *contemplar* la respiración, ayudándote con
algunos de los métodos descritos para fijar tu atención en ella.
Eso es todo.

Sabrás que tu nivel de concentración es óptimo cuando
seas capaz de mantenerte perfectamente atento a la respiración durante los 20 o 30 minutos que dure la sesión de meditación. *Perfectamente atento* quiere decir sin *ningún* instante
de distracción. Tienes que practicar de esta forma durante todas las sesiones de meditación que necesites hasta estabilizar
tu atención en todas ellas.

A partir de ahí, en algún momento entrarás en el estado de
concentración de acceso. Existen signos que identifican este
estado. Por ejemplo:

- Tu respiración se vuelve muy fluida y apacible. No tienes
  ya sensación de hacer ningún esfuerzo mental para mantener la atención centrada en la respiración. Esto es algo que
  sucede naturalmente.
- Desaparece la sensación de *yo estoy haciendo un esfuerzo
  para concentrarme en la respiración.* Sencillamente per-
  maneces concentrado en ella.
- Desaparece la dualidad «yo»/«respiración». Esta dualidad
  y la tensión asociada a ella son sustituidas por un estado de
  fusión de la atención consciente con la respiración. Tú eres
  la respiración. Eres conciencia respiratoria. Eres respiración consciente.

- A este estado se le conoce también como «conexión» o «contacto», puesto que se establece una conexión o un contacto íntimo entre la conciencia y la respiración.
- Este estado viene caracterizado asimismo por una experiencia de paz y tranquilidad, de unificación.

No importa cuánto tiempo necesites para estabilizar tu mente en este estado. Ello dependerá de la intensidad, de la regularidad y de la integridad de tu práctica. Lo cierto es que necesitas generar este estado para acceder al primer grado de absorción o *dhyana*.

En la tradición zen se dice que la práctica de zazen es la puerta para acceder a la paz y a la felicidad que moran en lo más profundo de tu propia naturaleza. La postura corporal y su inmovilidad es la cerradura, y la atención sobre la respiración es la llave que abre esta puerta.

Aunque la respiración debe ser en esta fase el objeto primario de tu atención, no dejes de prestarle atención a la postura corporal, la cual debe permanecer siempre como objeto secundario de la atención.[3]

Primer grado de absorción (*dhyana*)
(*Sho zenjo*, en japonés; *pathamajjhana*, en pali)

En palabras del Buda:

Monjes, después de separarme físicamente de los objetos sensuales y de los estados mentales perniciosos, alcancé la primera

dhyana, la cual está caracterizada por la diferenciación, por la
felicidad extática, por la indagación y por los juicios evaluativos.

(*Dvedha-vitakka-sutta*),

Una vez que has estabilizado tu mente y que tu atención permanece perfectamente anclada en tu respiración (como una
barca que acompaña siempre el movimiento ascendente y des-
cendente del oleaje), estás en disposición de enfocar la luz de
tu atención sobre las sensaciones. El enfoque de la atención
sobre las sensaciones es la puerta que conduce al primer grado
de absorción. Esto quiere decir que, a partir de ahora, las sensaciones serán el objeto primario de la atención y ocuparán el
primer plano.

Comienza con el campo auditivo. Enfoca tu atención exclusivamente en las sensaciones auditivas, en los sonidos. Uno
a uno. Conviértete en el notario de tu experiencia auditiva. Da
fe de lo que oyes. Toma conciencia de cada uno de los sonidos
que aparece en tu campo auditivo, por débil o sutil que sea.
Toma conciencia también de qué clase de sonido se trata:
agradable, desagradable o neutro, pero cuida de no pensar sobre ellos. No dejes que tu atención sea raptada por la actividad
mental, por los juicios, las valoraciones, los recuerdos, etcétera. Mantente anclado exclusivamente en las sensaciones
auditivas. Toma conciencia: «Esta es una sensación auditiva
agradable, desagradable o neutra», «Esta otra es una sensación auditiva agradable, desagradable o neutra», y así sucesivamente.

Convierte las sensaciones auditivas en el objeto primario de tu atención, pero mantén la respiración como objeto secundario y la postura corporal como objeto terciario.

Una vez hayas conseguido estabilizar tu atención en las sensaciones auditivas regularmente durante tus sesiones de meditación, cambia el enfoque y centra tu atención en las sensaciones olfativas. Haz lo mismo que hiciste con las sensaciones auditivas: da fe de lo que aparece en tu campo olfativo. Estabiliza tu atención en el campo olfativo durante varias sesiones, las que sean necesarias hasta que domines completamente la tarea.

Procede del mismo modo con las sensaciones gustativas, táctiles y visuales. Con respecto a las sensaciones visuales, dado que durante zazen los ojos están medio cerrados y el campo visual es muy reducido, no debes fijar la mirada en ningún punto ni en ninguna forma. Deja que tu mirada se desenfoque naturalmente. Cuando tu mirada se ha desenfocado, de lo único que puedes tomar conciencia, visualmente hablando, es de manchas de colores o de luz difusa. Así está bien.

Puede ser que la conciencia de las sensaciones suscite la aparición de reacciones emocionales o de pensamientos asociados. Por ejemplo: tomas conciencia de un sonido, el del viento en los pinos. Este sonido puede suscitar de inmediato una emoción de tristeza, por ejemplo, debido a que la última vez que oíste el susurro del viento en los pinos fue durante el entierro de un ser querido. Ese recuerdo del ser querido fallecido puede llevarte a rememorar momentos vividos con él en el pasado en determinada ciudad. Te vienen imágenes de esa ciudad, de los amigos que tuviste allí, de sus plazas y sus calles, etcétera. De esta manera, la atención es raptada por las emociones, los pensamientos y los recuerdos, y es apartada del objeto primario, aquí y ahora, que es la pura sensación auditiva. Debes permanecer muy alerta y evitar esta clase de distracciones. No permitas que tu atención se enfoque en ningún otro contenido que no sea el objeto primario que has elegido para esa sesión. Si, debido a tu falta de atención, te distraes y al cabo de cierto tiempo te das cuenta de que te has distraído, retira inmediatamente la atención de las distracciones y vuelve a enfocarla en el objeto primario. Esto debes hacerlo continuamente, cada vez que se produzca una distracción.[4]

Control de calidad

Hay una práctica que funciona como un control de calidad en el cultivo de la atención consciente. Esta práctica tiene dos aspectos: *shôken* y *kakusoku,* en japonés. *Shôken* quiere decir literalmente 'observación luminosa', y *kakusoku,* «volver a la raíz».

Sea cual sea el objeto primario de la atención sobre el que estés trabajando, debes generar *tomas de conciencia* periódicamente. Estas tomas de conciencia son como destellos de autoobservación, como el haz de luz de un faro que aparece de vez en cuando iluminando la oscuridad. Esto es *shôken*: destellos de autoobservación, en el sentido de: «El objeto primario de mi atención ahora es el campo auditivo. ¿Está mi atención centrada en el campo auditivo o no?». Si tu atención sigue centrada en el objeto primario, no hagas nada; sigue tal y como lo estás haciendo. Pero si descubres que tu atención no está enfocada en el objeto primario, entonces debes devolverla inmediatamente al objeto primario. Este movimiento de la atención es *kakusoku*: volver a la raíz.

Debes entrenarte en aplicar este control de calidad continuamente. Es la única manera de impedir que tu mente se vaya por los cerros de Úbeda.

Control de seguridad

Si, teniendo como objeto primario de la atención los campos sensoriales, te das cuenta de que no puedes impedir que tu atención se disperse y sea raptada por reacciones emocionales o pensamientos de diversa índole, entonces debes abandonar de inmediato los campos sensoriales como objeto primario y convertir de nuevo la respiración en objeto primario, concentrando la atención sobre la respiración durante todo el tiempo necesario hasta que cese la distracción y la mente se estabilice de nuevo en el estado de concentración de acceso.

Proceso cognitivo durante el primer grado de absorción

El objetivo del primer grado de absorción, tal y como lo practicaban los *shramanas* prebúdicos, era el de liberar la conciencia de las impresiones sensoriales, de las reacciones emocionales y de los contenidos mentales. En este primer grado de *recogimiento,* la conciencia se *retira* o se libera de su identificación con las sensaciones. No es que las impresiones sensoriales desaparezcan, sino que la conciencia que las percibe deja de identificarse con ellas. Es como si en tu interior una voz exclamara: «Yo no soy las impresiones sensoriales». Es decir, se produce una desidentificación psicológica del «yo» que experimenta (o del principio de conciencia) con respecto a las sensaciones experimentadas. Esta experiencia de desidentificación o de desapego de las sensaciones se llama *primer grado de absorción.*

Los *shramanas* prebúdicos se contentaban con liberar la conciencia de su identificación con las sensaciones, con las reacciones emocionales y con los contenidos mentales. Ello les permitía realizar prácticas ascéticas muy dolorosas. El hecho de que el dolor físico no les afectara es lo que medía su grado de perfeccionamiento de este nivel de *dhyana.*

Pero el Buda Shakyamuni se dio cuenta de que liberarse temporalmente de la identificación con las sensaciones, con las reacciones emocionales y con los contenidos mentales no conducía a un estado de liberación duradero. El Buda Shakyamuni tuvo la genialidad de convertir cada uno de los estados de *dhyana* en una plataforma cognitiva desde la que observar la verdadera naturaleza de las sensaciones, de las reacciones emocionales y de los contenidos mentales. Esta fue la aportación fundamental del Buda: complementar cada estado de *dhyana* con la práctica del *vipashyana* (*vipassana*, en pali) u observación penetrante. Desde entonces, la meditación budista desarrolla dos aspectos básicos: *samadhi,* o unificación de la mente en un objeto, y *vipashyana,* u observación penetrante del objeto. El aspecto *samadhi* genera calma emocional, aquietamiento mental, centramiento de la atención, mientras que el aspecto *vipashyana* genera claridad mental, comprensión profunda de la naturaleza, de la forma y de la función del objeto.

En otras palabras, solo en la medida en que seas capaz de desidentificarte de las sensaciones y liberar tu conciencia de ellas podrás observarlas con ecuanimidad («objetividad»). Y solo desde la ecuanimidad lograrás penetrar en su verdadera naturaleza, en su forma y en su función.

La plena realización de este primer grado de absorción se caracteriza por una perfecta ecuanimidad y una clara observación penetrante con respecto a las sensaciones. Al liberarse de su identificación con las sensaciones, la conciencia se vuelve más clara y brillante.

Segundo grado de absorción (*dhyana*)
(*daini zenjo,* en japonés; *dutpyajjhana,* en pali)

En palabras del Buda:

Con el aquietamiento de la indagación, entré y permanecí en el segundo *dhyana,* caracterizado por la felicidad extática y el gozo nacidos de la serenidad, por la unificación de la atención libre de pensamiento evaluativo y por la confianza interna.

(*Dvedha-vitakka-sutta*).

En la medida en que hayas completado con éxito las prácticas internas concernientes al primer grado de absorción y seas capaz de estabilizarte regularmente en este estado, podrás acceder al segundo grado de absorción.

El objeto primario de este segundo grado son las actitudes emocionales, el secundario son las sensaciones, el terciario es la respiración y el cuaternario es la postura corporal. Tu experiencia presente cuenta con cuatro planos de profundidad.

Te conviertes en un notario de cada uno de tus movimientos emocionales internos: das fe de todos ellos, por sutiles o débiles que sean. En el sentido: «Esto es una reacción emocional de miedo, de pereza, de apego, de odio, de aburrimiento, de rechazo, de envidia, etcétera». Tomas conciencia de todas las emociones que aparecen en tu campo de experiencia. Si sientes que no aparece ninguna emoción, da fe de ello.

Como ya hemos visto, todas tus emociones pertenecen a tres familias: la familia del deseo (posesividad, pasión, avidez, ambición, apego...), la familia del rechazo (odio, aversión, ira, animosidad...) y la familia de la indiferencia (abulia, tedio, aburrimiento...).

Las reacciones emocionales tienen como base:

- Las sensaciones.
- Las emociones mismas.
- Los contenidos mentales (conceptos, juicios, imágenes, recuerdos, proyecciones de futuro, etcétera).

Veamos cada uno de los casos:

- *Las sensaciones como base de las reacciones emocionales.* Las sensaciones que experimentas pueden ser agradables, desagradables y neutras. Las sensaciones agradables suscitan la aparición de emociones asociadas a la familia del deseo; las sensaciones desagradables suscitan la aparición de emociones asociadas a la familia del rechazo; las sensaciones neutras suscitan la aparición de emociones asociadas a la familia de la indiferencia.
- *Las emociones como base de las reacciones emocionales.* Las emociones mismas actúan como base de las reacciones emocionales. Cada una de las emociones asociadas a cada una de las tres familias emocionales puede suscitar la aparición de emociones asociadas a cada una de las tres familias emocionales. Por ejemplo: una emoción de apego puede suscitar una reacción de apego al apego (el apego alimenta el apego), o una reacción de rechazo (no debo sentir apego), o una reacción de indiferencia.

  Una emoción de rechazo puede suscitar una reacción de apego al rechazo (el apego alimenta el rechazo), o una reacción de rechazo al rechazo (no debo sentir rechazo), o una reacción de indiferencia.

Una emoción de indiferencia puede suscitar una reacción de apego a la indiferencia (el apego alimenta la indiferencia), o una reacción de rechazo a la indiferencia (no debo sentir indiferencia), o una reacción de indiferencia a la indiferencia.

• *Los contenidos mentales como base de las reacciones emocionales.* Los contenidos mentales también funcionan como base de las reacciones emocionales. Un determinado pensamiento, o recuerdo, o imagen, o enjuiciamiento, puede suscitar una reacción de apego, de rechazo o de indiferencia.

Sean cuales sean las reacciones emocionales que experimentes y las bases que las suscitan, debes tomar nota de todas las emociones que aparecen en tu campo de experiencia, sin tomar partido, sin enjuiciar ni valorar, sin apegarte ni rechazar ni permanecer indiferente.

Convierte las emociones que sientes en el objeto primario de tu atención. Trata de estabilizarte en esta modalidad de concentración y observación.

Mantén siempre activado el control de calidad y el control de seguridad que has aprendido en el primer grado de absorción.

Con respecto al control de calidad: «El objeto primario de mi atención ahora son las reacciones emocionales. ¿Está mi atención centrada en las reacciones emocionales, o no?».

Si tu atención sigue centrada en las reacciones emocionales, no tienes que hacer nada; sigue tal y como lo estás haciendo. Pero si descubres que tu atención no está enfocada
en las reacciones emocionales, entonces debes devolverla de inmediato a ellas. Debes entrenarte en aplicar este
control de calidad continuamente.

Con respecto al control de seguridad: si, teniendo como
objeto primario de la atención las reacciones emocionales,
te das cuenta de que no puedes impedir que tu atención se
disperse y sea raptada por pensamientos de diversa índole,
entonces debes abandonar inmediatamente las reacciones
emocionales como objeto primario y convertir de nuevo
la respiración en objeto primario, concentrando la atención
en la respiración durante el tiempo necesario, hasta que cese
la distracción y la mente se estabilice otra vez en el estado
de concentración de acceso.

Proceso cognitivo durante el segundo grado de absorción

El objetivo del segundo grado de absorción es el de liberar
la conciencia de las reacciones emocionales. En este segundo
grado de *recogimiento,* la conciencia se *retira* o se libera de su
identificación con las reacciones emocionales. No es que las
reacciones emocionales desaparezcan, sino que la conciencia
que las percibe deja de identificarse con ellas. Es como si en
tu interior una voz exclamara: «Yo no soy las reacciones emocionales». Esto es, se produce una desidentificación psicoló-

gica del «yo» que experimenta (o del principio de conciencia) con respecto a las emociones experimentadas. Esta experiencia de desidentificación o desapego de las reacciones emocionales se llama *segundo grado de absorción*.

En otras palabras, solo en la medida en que seas capaz de desidentificarte de las reacciones emocionales y de liberar tu conciencia de ellas podrás observarlas con ecuanimidad («objetividad»). Y solo desde la ecuanimidad lograrás penetrar en su verdadera naturaleza, en su forma y en su función.

La plena realización de este segundo grado de absorción viene caracterizada por una perfecta ecuanimidad y una clara observación penetrante con respecto a las reacciones emocionales.

Tercer grado de absorción (*dhyana*)
(*daisan zenjo*, en japonés; *tatiyajjhana*, en pali)

En palabras del Buda:

> Al desvanecerse la felicidad y el gozo, permanecí en la ecuanimidad, plenamente consciente y alerta, y físicamente sensible al placer. Entré y permanecí en el tercer *dhyana*, aquel del que los Nobles declaran: «Es ecuánime y plenamente consciente. Es placentero permanecer en él».
>
> (*Dvedha-vitakka-sutta*).

En la medida en que hayas completado con éxito las prácticas internas concernientes al segundo grado de absorción y que seas capaz de estabilizarte regularmente en este estado, podrás acceder al tercer grado de absorción.

El objeto primario de este tercer grado son los contenidos mentales,[5] el objeto secundario son las reacciones emocionales, el objeto terciario son las sensaciones, el objeto cuaternario es la respiración y, en el último plano, la postura corporal. Tu experiencia presente cuenta con cinco planos de profundidad.

Te conviertes en un notario de cada uno de los contenidos mentales que aparecen en tu campo de experiencia: das fe de todos ellos, por sutiles o débiles que sean. En el sentido: «Esto es un pensamiento, esto es un juicio, esto es un concepto, esto es una categoría mental, esta es una inflexión lógica, esto es un recuerdo, esto es una proyección de futuro, etcétera». Tomas conciencia de todos los contenidos mentales que aparecen en tu campo de experiencia. Si sientes que no aparece ningún contenido mental, da fe de ello.

Sean cuales sean los contenidos mentales que experimentes, debes tomar nota de todos, sin tomar partido, sin enjuiciarlos ni valorarlos, sin apegarte a ellos ni rechazarlos y sin permanecer indiferente.

Convierte los contenidos mentales en el objeto primario de tu atención. Trata de estabilizarte en esta modalidad de concentración y observación.

Mantén siempre activado el control de calidad y el control de seguridad que has aprendido en el primer grado de absorción.

Con respecto al control de calidad: «El objeto primario de mi atención ahora son los contenidos mentales. ¿Está mi atención centrada en los contenidos mentales, o no?». Si tu atención sigue centrada en los contenidos mentales, no tienes que hacer nada; sigue tal y como lo estás haciendo. Pero si descubres que tu atención no está enfocada en los contenidos mentales, entonces debes devolverla de inmediato a ellos. Debes entrenarte en aplicar este control de calidad continuamente.

Con respecto al control de seguridad: si, teniendo como objeto primario de la atención los contenidos mentales, te das cuenta de que no puedes impedir que tu atención se disperse y sea raptada por sensaciones o reacciones emocionales de diversa índole, entonces debes abandonar inmediatamente los contenidos mentales como objeto primario y convertir de nuevo la respiración en objeto primario, concentrando la atención en la respiración durante todo el tiempo necesario, hasta que cese la distracción y la mente se estabilice de nuevo en el estado de concentración de acceso.

Proceso cognitivo durante el tercer grado de absorción

El objetivo del tercer grado de absorción es el de liberar la conciencia de los contenidos mentales. En este tercer grado de *recogimiento,* la conciencia se *retira* o se libera de su identificación con los contenidos mentales. No es que los contenidos mentales desaparezcan, sino que la conciencia que los percibe deja de identificarse con ellos. Es como si en tu interior una voz exclamara: «Yo no soy los contenidos mentales que aparecen en mi campo de experiencia». Es decir, se produce una desidentificación psicológica del «yo» que experimenta (o del principio de conciencia) con respecto a los contenidos mentales experimentados. Esta experiencia de desidentificación o de desapego de los contenidos mentales se llama *tercer grado de absorción*.

En otras palabras, solo en la medida en que seas capaz de desidentificarte de los contenidos mentales y liberar tu conciencia de ellos podrás observarlos con ecuanimidad («objetividad»). Y solo desde la ecuanimidad lograrás penetrar en su verdadera naturaleza, en su forma y en su función.

La plena realización de este tercer grado de absorción se caracteriza por una perfecta ecuanimidad y una clara observación penetrante con respecto a los contenidos mentales.

Cuarto grado de absorción (*dhyana*)
(*daishi zenjo,* en japonés; *catutthajjhana,* en pali)

En palabras del Buda:

> Con el abandono del placer y del dolor, como con la anterior desaparición del júbilo y la aflicción, entré y permanecí en el cuarto *dhyana:* pureza de ecuanimidad y plenitud mental, ni placer ni dolor.
>
> (*Dvedha-vitakka-sutta*).

En la medida en que hayas completado con éxito las prácticas internas concernientes al tercer grado de absorción y que seas capaz de estabilizarte regularmente en este estado, podrás acceder al cuarto grado de absorción.

El objeto primario de este cuarto grado es la actividad y los contenidos inconscientes. El objeto secundario son los contenidos mentales, el objeto terciario son las reacciones emocionales, el objeto cuaternario son las sensaciones, en el quinto plano permanece la respiración y, en el último, la postura corporal. Tu experiencia presente cuenta con seis planos de profundidad.

Te conviertes en un notario de cada uno de los contenidos inconscientes que aparecen en tu campo de experiencia: das fe de todos ellos, por sutiles o débiles que sean. En el sentido: «Esta es la actividad inconsciente, estos son los contenidos de la actividad inconsciente». Tomas conciencia de todos los contenidos inconscientes que aparecen en tu campo de experiencia. Si sientes que no aparece ningún contenido inconsciente, da fe de ello.

Sean cuales sean los contenidos inconscientes que experimentes, debes tomar nota de todos, sin tomar partido, sin enjuiciarlos ni valorarlos, sin apegarte a ellos ni rechazarlos y sin permanecer indiferente.

Convierte los contenidos inconscientes en el objeto primario de tu atención. Trata de estabilizarte en esta modalidad de concentración y observación.

Mantén siempre activado el control de calidad y el control de seguridad que has aprendido en el primer grado de absorción.

Con respecto al control de calidad: «El objeto primario de mi atención ahora son los contenidos inconscientes. ¿Está mi atención centrada en los contenidos inconscientes, o no?». Si tu atención sigue centrada en los contenidos inconscientes, no tienes que hacer nada; sigue tal y como lo estás haciendo. Pero si descubres que tu atención no está enfocada en los contenidos inconscientes, entonces debes devolverla inmediatamente a ellos. Debes entrenarte en aplicar este control de calidad continuamente.

Con respecto al control de seguridad: si, teniendo como objeto primario de la atención los contenidos inconscientes, te das cuenta de que no puedes impedir que tu atención se disperse y sea raptada por sensaciones o reacciones emocionales y pensamientos y contenidos mentales de diversa índole, entonces debes abandonar inmediatamente los contenidos inconscientes como objeto primario y convertir de nuevo la respiración en objeto primario, concentrando la atención en la respiración durante todo el tiempo necesario, hasta que cese la distracción y la mente se estabilice de nuevo en el estado de concentración de acceso.

Proceso cognitivo durante el cuarto grado de absorción

El objetivo del cuarto grado de absorción es el de liberar la conciencia de los contenidos inconscientes. En este cuarto grado de *recogimiento,* la conciencia se *retira* o se libera de su identificación con los contenidos inconscientes. No es que los contenidos inconscientes desaparezcan, sino que la conciencia que los percibe deja de identificarse con ellos. Es como si en tu interior una voz exclamara: «Yo no soy los contenidos inconscientes que aparecen en mi campo de experiencia». Es decir, se produce una desidentificación psicológica del «yo» que experimenta (o del principio de conciencia) con respecto a los contenidos inconscientes experimentados. Esta experiencia de desidentificación o de desapego de los contenidos inconscientes se llama *cuarto grado de absorción*.

En otras palabras, solo en la medida en que seas capaz de desidentificarte de los contenidos inconscientes y liberar tu conciencia de ellos podrás observarlos con ecuanimidad («objetividad»). Y solo desde la ecuanimidad lograrás penetrar en su verdadera naturaleza, en su forma y en su función.

La plena realización de este cuarto grado de absorción se caracteriza por una perfecta ecuanimidad y una clara observación penetrante con respecto a los contenidos y a la actividad inconscientes.

Algunas consideraciones sobre el cuarto grado de absorción

Una vez que aprendas a estabilizar tu conciencia en este cuarto grado de absorción, tu meditación se asemejará cada vez más a un estado de ensoñación lúcida. Percibirás las sensaciones, las reacciones emocionales, los contenidos mentales y la actividad onírica del inconsciente como un sueño carente de sustancia, como un espejismo en el desierto. Puede que experimentes cada vez más a menudo estados de no-pensamiento (*fushiryo,* en japonés). Puede que las sensaciones y las reacciones emocionales se desvanezcan como nubes en un cielo límpido y que tu estado pueda ser llamado más bien no-mente (*mushin,* en japonés). Tu conciencia de ser se vuelve cada vez más clara y luminosa, como un cielo desprovisto de nubes, como un lago de pureza y tranquilidad. Cada uno de los estados de absorción va acompañado de un estado de gozo y felicidad cada vez más profundo, amplio y sutil. Puede que en este cielo abierto emerjan a la luz de la conciencia recuerdos muy antiguos. Recuerdos de tu infancia, recuerdos de situaciones de las que nunca has sido consciente de haberlas vivido. Puede que surjan recuerdos de tu nacimiento, de tu gestación e incluso de tu concepción. En este estado de absorción, la ilusión del tiempo lineal se disuelve completamente. La memoria ancestral se abre ante ti. El universo informacional creado por todas las generaciones que nos han precedido, como una inmensa biblioteca universal, se vuelve disponible. La memoria de tu familia, de tu clan, de tu grupo étnico y cultural, de la civilización a la que perteneces... fluye ante el ojo de tu conciencia despierta. La memoria de la especie humana, del género animal, vegetal y mineral se abre como un libro de conocimientos ilimitados. La memoria genética, la memoria asociada a cada uno de los átomos y de las partículas subatómicas, aparece en forma de imágenes, de intuiciones, de conocimientos no verbales ni categóricos ni discursivos. Conocimiento inmediato, directo.

En este estado de absorción, el Buda Shakyamuni pudo seguir las huellas de las tendencias kármicas en sus anteriores encarnaciones. Reconoció el encadenamiento kármico que desde el origen sin tiempo fue madurando hasta cristalizar en su experiencia de despertar.

En este cuarto grado de absorción, la ilusión del tiempo lineal se disuelve, y el pasado, el presente y el futuro aparecen simultáneamente unidos en una dimensión temporal que es más bien un no-tiempo.

El cuarto grado de absorción es la plataforma necesaria e idónea para acceder a los estados de arrobamiento o raptos profundos, conocidos en la tradición budista zen como *samapatti.*

Los cuatro *samapatti*

El Buda enseñó que los meditadores debemos aprender a estabilizar nuestra conciencia en cada uno de los cuatro grados de absorción. Este aprendizaje se lleva a cabo por medio de la voluntad personal, presente en cada uno de los cuatro *dhyana,* aunque cada vez más débil a medida que el meditador se acerca al cuarto *dhyana.* Un meditador experimentado decide estabilizar su conciencia en uno u otro *dhyana,* según sus circunstancias y necesidades. Por ejemplo, si es la actividad emocional la que presenta mayor actividad, o es susceptible de convertirse en causa de aflicción, el meditador estabiliza su conciencia en el segundo *dhyana* y, de esta forma, genera ecuanimidad y liberación con respecto a las emociones. Y lo mismo sucede con los otros tres *dhyana.*

El proceso cognitivo y la experiencia de los estados de *samapatti* son esencialmente distintos a los de los estados de *dhyana.* Los *samapatti* son estados espontáneos que surgen y se encadenan siguiendo un impulso interno de la conciencia, sin que la voluntad del meditador intervenga. De hecho, la conciencia individual del «yo» se disuelve casi totalmente en el cuarto *dhyana.*

Primer *samapatti* o *samapatti* del Espacio Infinito
(*ku muhen shojo,* en japonés; *akasanañcayatana,* en pali)

En este primer *samapatti,* las formas se disuelven en el Espacio Infinito.

Al desidentificarte de cualquier autoimagen, sientes que en el cuerpo no hay ningún «yo». Al dejar de estar asociada a un «yo», la clara conciencia que eres deja de estar asociada a un cuerpo individual. Entonces, la corporeidad (la forma y la sensación de ser un cuerpo) se diluye en el espacio. La conciencia se expande por el espacio sin límite. Ya no eres un cuerpo limitado ocupando un espacio limitado. Eres el Espacio Infinito. La totalidad del espacio que se extiende en las diez direcciones junto con todas las formas que aparecen y desaparecen en él es tu verdadero «cuerpo». Experiencia de fusión con el Espacio Infinito.

Segundo *samapatti* o *samapatti* de la Conciencia Infinita
(*shiki muhen shojo*, en japonés; *viññanañcayatana*,
en pali)

Cualquier sensación de espacio se disuelve en la experiencia de la Conciencia Clara e Infinita. El parámetro «espacio»
desaparece. Solo hay Conciencia Infinita. ¿Conciencia de qué?
Pura Conciencia de la Conciencia Pura.

Tercer *samapatti* o *samapatti* de la Vacuidad
de la Conciencia (*mu shoyu shojo*, en japonés;
akiñcaññayatana, en pali)

En este *samapatti*, la conciencia toma conciencia de su propia
naturaleza: pura vacuidad insondable, ausencia de cualquier
tipo de creación o producción. Luz que se ilumina a sí misma sin el soporte de ningún objeto mental ni emocional ni
sensorial.

Cuarto *samapatti* o *samapatti* de la «ni percepción
ni-percepción» (*hisso ni shojo*, en japonés;
nevajaññanasaññayatana, en pali)

La Luz de la Conciencia se disuelve en la vacuidad de su propia naturaleza, la cual, a modo de agujero blanco, absorbe y disuelve incluso la cualidad luminosa de la Conciencia. Instante
cero. Alfa y Omega fundidos. «Oscuridad» total o ausencia de

conciencia. Noche oscura de la conciencia previa al Completo y Supremo Despertar.

El Completo y Supremo Despertar
(*anokuttara samyaku sambodhi*, en japonés)

Después de que durante un tiempo sin tiempo la Clara Luz de la Conciencia permanece fundida y disuelta en su propia naturaleza, emerge de nuevo espontáneamente irradiando su Clara Luz, liberada ahora de cualquier representación o forma, pero abarcando en su resplandor todas las representaciones y todas las formas.

Liberada del deseo, ilumina plenamente el deseo, integrándolo en su seno.

Liberada de las sensaciones, ilumina plenamente las sensaciones, integrándolas en su seno.

Liberada de las reacciones emocionales, ilumina plenamente las reacciones emocionales, integrándolas en su seno.

Liberada de las creaciones mentales, ilumina plenamente las creaciones mentales, integrándolas en su seno.

Liberada de los impulsos instintivos y de la memoria inconsciente, ilumina plenamente los impulsos instintivos y la memoria inconsciente, integrándolos en su seno.

Liberada del espacio, ilumina plenamente el espacio, integrándolo en su seno.

Liberada de su propia naturaleza vacua, ilumina plenamente su propia naturaleza vacua, integrándola en su seno.

Liberada de su propia luminosidad, ilumina plenamente su propia luminosidad, integrándola en su seno.

En el budismo, esta es considerada la experiencia última, el fin último de la vida, la experiencia suprema a la que cualquier ser humano puede aspirar y alcanzar. El nirvana viviente cuya realización permanece latente en todo ser humano.[6]

El Completo y Supremo Despertar es una experiencia trascendente, cognitiva, emocional y corporal que, una vez que se ha producido, se manifiesta en un determinado ser-estar en el mundo.

Es una experiencia trascendente porque se produce más allá de los sentidos, más allá de las emociones, más allá de la mente categórica y más allá incluso de la condición humana.

Es una experiencia cognitiva porque incluye un «conocimiento» no discursivo, no dual, no categórico ni categorizable.

Es una experiencia «emocional» porque viene caracterizada por la más sublime de las emociones: la ecuanimidad (*upeksha,* en sánscrito).

Es una experiencia «corporal» porque su realización tiene una profunda repercusión en el cuerpo y en el estado y el funcionamiento de todos los mecanismos neurofisiológicos.

Es una experiencia que se manifiesta en un determinado ser-estar en el mundo porque, una vez que se ha producido, tiene profundas repercusiones sobre el comportamiento, las actitudes y los valores, es decir, sobre la forma de vivir en el mundo.

El Completo y Supremo Despertar es una liberación (*vimukti*):

- Cognitiva, porque libera a la conciencia de las falsas representaciones de la realidad.
- Emocional, porque libera a la conciencia del apego y el rechazo compulsivo.
- Sensorial, porque libera a la conciencia del deseo y los apegos a los objetos sensoriales y al sujeto sensitivo.

El Completo y Supremo Despertar es Pleno Gozo Interno (*ji-juyu,* en japonés; *sukha,* en sánscrito) porque extingue (*nirvana*) las causas del dolor, del sufrimiento y de la aflicción.

El Completo y Supremo Despertar es Clara Luz (*kômyô,* en japonés) irradiando sobre los tres tiempos (pasado, presente y futuro) y sobre las diez direcciones (cuatro puntos cardinales, cuatro direcciones intermedias, el cenit y el nadir) porque no hay nada que no sea iluminado por ella.

El Completo y Supremo Despertar es despertar porque en él aparece la verdadera naturaleza de la realidad tal y como es (*tathata,* en sánscrito), lo cual supone despertar del sueño de la ilusión.

El retorno a la plaza del mercado

Aunque el Completo y Supremo Despertar es la experiencia última por excelencia, la tradición budista zen, inscrita en la corriente Mahayana,[7] no la considera el fin o el objetivo último de la práctica budista. Para el budismo zen, el siguiente paso es volver a la plaza del mercado, es decir, regresar a la vida cotidiana y compartir con todos los seres vivientes los méritos y los logros de esta experiencia cumbre. Este es el voto del *bodhisattva*: vivir la experiencia de la Clara Luz en su vida cotidiana, en sus relaciones de cada día, en las tareas mínimas.

Para el budismo Mahayana, el objetivo último de la práctica budista es liberar a todos los seres vivientes del dolor, del sufrimiento y de la aflicción. El Completo y Supremo Despertar es el medio necesario e imprescindible para llegar hasta la raíz última del dolor, del sufrimiento y de la aflicción, y a su liberación.

Una vez culminado este viaje virtual hasta el Completo y Supremo Despertar de la naturaleza de Buda innata en todos los seres vivientes, regresemos ahora a la plaza del mercado.

Segunda parte:
La plaza del mercado

Esto sabemos: la Tierra no pertenece al hombre; el hombre pertenece a la Tierra. Esto sabemos: todo está entrelazado como la sangre que une a una familia. Todo está entrelazado.

Lo que le ocurra a la Tierra, les ocurrirá a los hijos de la Tierra. El hombre no tejió la trama de la vida, es solo uno de sus hilos; lo que hace con la trama se lo hace a sí mismo. Ni siquiera el hombre blanco, cuyo Dios pasea y habla con él de amigo a amigo, queda exento del destino común.

DISCURSO DEL JEFE INDIO NOAH SEALTH
(1786-1866)

5. La religión del Dios Mercado

Bienvenido a la realidad cotidiana.

Bienvenido al planeta Tierra del siglo XXI.

Bienvenido a la plaza del mercado.

Quizá los hechos que caracterizan la situación global del planeta Tierra en este siglo XXI sean:

- El derrumbe de los grandes sistemas ideológicos y, en particular, la pérdida creciente de influencia de las grandes tradiciones religiosas, incapaces ya de mostrar qué es la realidad y cuál es la función del ser humano en ella.[1]
- Una degradación ecológica sin precedentes en la historia y en constante ascenso.
- Una injusticia social sangrante que ensancha cada vez más la desigualdad entre pobres y ricos, tanto en el seno de una misma nación como entre las naciones de los dos hemisferios.
- El aumento de la violencia en la vida cotidiana y la persistencia de la violencia, de las guerras y de los conflictos armados que nos sitúan periódicamente al borde de un conflicto armado a gran escala.

- El llamado fenómeno de la globalización, que se manifiesta sobre todo en una red mundial por la que circula libremente la información, el capital y las mercancías (las personas aún no).
- El crecimiento continuado de la población.

Aunque esto es así, lo que en realidad caracteriza el momento histórico que vivimos es la emergencia y la expansión de un nuevo sistema de valores y creencias, cuya función religiosa queda oculta tras el envoltorio secular con el que se presenta. El auténtico fenómeno global, la única religión verdaderamente mundial, que se ha extendido desde el norte hasta el sur, del este al oeste, impregnando la práctica totalidad de las instituciones colectivas y las conciencias de los seres humanos, es la religión del Dios Mercado.

El mercado es el nuevo dios de los tiempos modernos. La economía es su teología, y los economistas, sus teólogos. Los publicistas y medios de comunicación son sus mejores predicadores, y la mayor parte de los políticos, sus relaciones públicas. La producción-consumo constituye su rito religioso central, y la acumulación de beneficios, en forma de capital, objetos o riquezas, su paraíso en la Tierra.

No importa a qué religión tradicional se pertenezca, no importa cómo se llame el dios al que se rece, ni el templo en el que se haga. No importa a qué etnia o cultura se pertenezca. No importa siquiera que se sea pobre o rico, que se viva en una gran metrópolis o en lo más profundo de una selva remota. Lo queramos o no, nos demos cuenta o no, nuestras vidas cotidianas se desarrollan en el seno de un culto que rinde tributo al Dios Mercado. Vivimos según las interpretaciones que hacen los sumos sacerdotes de la voluntad del Dios Mercado. Aunque nunca hayamos hecho profesión de fe formal para ingresar en esta religión, nos han ingresado en ella sin pedirnos nuestra opinión y, lo que es más grave, sin que ni siquiera nos demos cuenta.

No ha habido en toda la historia de la humanidad un fenómeno de manipulación en masa tan grande, tan eficaz y tan taimado como este, dado que la manipulación perfecta es aquella que no aparece como tal, sino como el orden natural del mundo.

La religión del mercado es la religión moderna que proporciona el sistema de valores más atractivo para la mayor parte de la población mundial. La mayoría de las personas, aunque se confiesen cristianas, musulmanas, budistas, ateas, hinduistas, judías, etcétera, han adoptado y asumido estos valores como expresión de la Única Realidad Verdadera y como el Orden Natural del Mundo.

La religión del mercado es, como veremos, una religión totalitaria que está devastando no solo las sociedades humanas, el medio ambiente y los grandes valores de las civilizaciones a los que se ha llegado después de muchos siglos de evolución, sino que también está pulverizando los principios y las prácticas espirituales que enseñan todas las demás religiones, las cuales, hoy por hoy, no han sido capaces de hacer frente ni contrarrestar el poder de seducción y la influencia de este nuevo totalitarismo.

Aunque las guerras y los conflictos han existido desde siempre en la historia de la humanidad, y muchos de ellos han sido y son de origen religioso, basta con estudiar la génesis y el desarrollo de la mayor parte de las guerras, de los conflictos armados, de la degradación ecológica y del desmembramiento de las sociedades para darse cuenta de que en la base de casi todos ellos se encuentra la religión del mercado.

Sería largo detenerse en las causas y en el proceso histórico mediante el cual ha aparecido esta nueva religión, y no es este el tema central de este libro. El hecho es que la religión del Dios Mercado está aquí, ahora, ampliamente extendida. Sus tentáculos se han infiltrado en el corazón mismo de nuestras instituciones, en nuestro sistema político, en nuestra familia, en nuestras relaciones y en nuestro sistema individual de valores, es decir, en nuestra percepción del mundo y de nuestra función en él.

Tenemos la responsabilidad individual y el imperativo histórico de tomar conciencia de la realidad en la que vivimos, de la crisis global que estamos atravesando. Necesitamos indagar en sus causas y poner en pie un nuevo sistema de valores que nos permita una existencia realmente humana.

Tenemos que reconocer que, lo sepamos o no, hemos sido convertidos a una nueva religión. Esta religión, aunque sea de origen europeo y tenga sus raíces en la ética protestante, se ha extendido mundialmente. Su nombre completo podría ser «religión individualista de la economía y del mercado», pero, abreviando, la llamaré «religión del mercado».

La religión del mercado es una ideología totalitaria. Convence por la fuerza. Primero por la fuerza de la persuasión y del engaño (publicidad, medios de comunicación), después por la fuerza de la presión económica (si no lo haces como te digo, no podrás sobrevivir) y, por último, por la fuerza de los poderosos ejércitos y la industria armamentística, que trabajan para ella (en el caso de que alguien se obstine en no aceptar sus principios).

La religión del mercado está basada en un sacramento doble: la producción y el consumo. Lo que espera de sus adeptos es que produzcan cuanto más, mejor (aunque lo que produzcan no sea de ninguna utilidad real para la vida), y que consuman cuanto más, mejor (aunque lo que consuman no sea de ninguna utilidad real). Aquellos que cumplen con este sacramento son considerados miembros de pleno derecho y obtienen el visado al paraíso del beneficio ilimitado destinado a los elegidos.

La persuasión de los propagadores de la religión del mercado es tan sutil y eficaz que no nos damos cuenta de que estamos siendo obligados a comulgar con sus ritos. Es más, ni siquiera nos damos cuenta de que estamos siguiendo sus ritos y creemos que lo que hacemos es el resultado de nuestro libre albedrío. Si alguien intenta salirse del ritual impuesto por el Dios Mercado, se encontrará marginado, sin trabajo, sin dinero para pagar la comida o un techo, sin tarjeta de crédito, sin crédito..., proscrito..., como lo están millones de seres humanos en el planeta Tierra que aún no han sido iniciados en este ritual moderno.

Las leyes fundamentales de la religión del mercado

La religión del mercado se basa en leyes, explícitas o tácitas, cuya obediencia es impuesta a todos:

- *Primera ley*: el máximo beneficio económico —capital, objetos materiales, servicios, riqueza material— es el paraíso en la Tierra.
- *Segunda ley*: la economía de mercado es el orden natural del mundo, la verdad objetiva, la palabra de Dios.

  La economía de mercado es presentada como la única realidad posible, la expresión de una voluntad sobrehumana emanada de una autoridad incuestionable. Es decir, la economía de mercado es una nueva forma de monoteísmo. Toda intervención humana es considerada contraproducente, inútil, una amenaza para el orden natural de las cosas y, por lo tanto, para el bienestar de la humanidad, ya que el Dios Mercado nunca se equivoca. Es omnisciente.

  Así pues, la economía de mercado es siempre justa y correcta y sus dictados son mandamientos que están por encima de cualquier otra moral o valor.

- *Tercera ley*: la vida humana es tiempo de trabajo, capacidad productiva. Eres según lo que produces y según la cantidad que produces. El trabajo es valorado según la oferta y la demanda y es considerado como un coste en los intercambios económicos. No trabajas para vivir, vives para trabajar.

- *Cuarta ley*: la naturaleza no es más que una reserva de recursos necesarios para el proceso de producción o una masa de tierra con la que especular. La naturaleza no es más que un conjunto de objetos inertes cuya única utilidad es ser explotados hasta la extinción.

- *Quinta ley*: el patrimonio social, cultural y espiritual es capital fungible que puede ser comprado o vendido.

- *Sexta ley*: el valor de las cosas solo está representado por el precio.

- *Séptima ley*: el individuo, considerado sobre todo como productor-consumidor, es el objeto principal de la economía de mercado. El individuo tiene la libertad y el deber de consumir todo lo que produzca la economía de mercado.

- *Octava ley*: debes tener fe en el Progreso, entendido como crecimiento económico (material) ilimitado. En el futuro se producirán más y mejores bienes materiales y podrás consumir más y acumular más beneficios.

- *Novena ley*: el deseo de consumir más y de acumular cada vez más bienes te permitirá alcanzar la máxima felicidad.

- *Décima ley*: solo vence el más fuerte. Para consumir hay que acumular. La competitividad es la regla de oro. Principios

éticos, tales como compasión, altruismo, solidaridad o generosidad, deben ser considerados supersticiones del pasado.

La propagación

La nueva religión se ha introducido en todas las instituciones
que vertebran la sociedad moderna: en los parlamentos, en el
senado, en los gobiernos centrales y autonómicos, en los partidos políticos tradicionales, en las universidades y en el sistema
educativo, en los medios de comunicación (los grandes propagadores), incluso en algunas instituciones religiosas y ONG
(que ponen el capital obtenido mediante donaciones al servicio del mercado, jugando en Bolsa y contribuyendo con la especulación financiera).

La nueva religión ha sido inoculada subrepticiamente en
las conciencias individuales a través del mayor sistema de propaganda, de seducción, de manipulación y de presión que se
conoce en la historia. Goebbels, el ministro de Propaganda del
III Reich, no es más que un aprendiz de brujo al lado de los
nuevos ingenieros de la llamada eufemísticamente «comunicación» y que no es otra cosa que un gigantesco sistema de
manipulación de masas. Los publicistas y los medios de comunicación, sean o no conscientes de ello, son el órgano eje-
cutivo de esta propaganda universal.

Las agencias de publicidad y la industria del *marketing*
tienen en sus nóminas de asalariados a los mejores cerebros

especializados en psicología y en comportamiento humano. Su misión no es la de educar a la especie humana en valores universales, sino la de escudriñar en nuestra alma con el fin de poner a punto estrategias comerciales capaces de vendernos cualquier cosa y de hacernos comulgar con ruedas de molino. Y esto, con tal arte, que esta flagrante manipulación es vivida por los mismos manipulados como un ejercicio de libertad.

Nuestros gustos musicales, nuestras aficiones, nuestros pensamientos, nuestra manera de ver las cosas, las novelas que leemos, las noticias de la prensa escrita, de la hablada y de la visualizada, las películas a las que tenemos acceso, el color de las paredes de nuestra casa, los adornos del mueble bar, lo políticamente correcto, nuestros conceptos del bien y del mal, todo es fruto de una programación a distancia, es decir, de una teleprogramación.

El filósofo y crítico social David Loy lo ha explicado con gran claridad:

Nuestra forma actual de desear es un sistema de valores particular, históricamente condicionado, un conjunto de hábitos fabricados como los productos proporcionados para satisfacerlos.

Según el diario comercial *Advertising Age,* que debería saberlo, en 1994, Estados Unidos gastó 147 billones de dólares en publicidad (bastante más que para el conjunto de la enseñanza superior), traducido en un aluvión de 21.000 anuncios televisivos, un millón de páginas de anuncios en prensa, 14 billones de catálogos de venta por correspondencia, 38 billones de folletos publicitarios y un billón de rótulos, pósteres y carteles. Esto no incluye las diversas industrias relacionadas que afectan al gusto y gasto del consumidor, como la promoción, las relaciones públicas, el *marketing*, el diseño y, sobre todo, la moda (no solo ropa), cuyo total ascendió a otros 100 billones por año.

En conjunto, esto constituye probablemente el mayor esfuerzo de manipulación mental que haya experimentado nunca la humanidad; todo ello con el único fin de definir y crear necesidades de consumo. No es de extrañar que un niño en los países desarrollados tenga un impacto ambiental 30 veces superior al de un niño del tercer mundo.[2]

En España, el gasto de publicidad ha aumentado en los últimos 10 años un 96%.

Estamos teleprogramados. Esto es *Matrix* y no nos damos cuenta. Es más, creemos que somos libres. Creemos que podemos elegir ser lo que queremos ser. Soñamos despiertos.

En la película *El show de Truman*, el protagonista consiguió escapar del decorado artificial y alcanzar la verdadera libertad. ¿Podremos hacer nosotros lo mismo? Para poder hacerlo, primero debemos querer hacerlo. ¿Queremos hacerlo?

Las consecuencias

Los logros

La economía de mercado ha conseguido importantes logros en los dos últimos siglos, aunque en general estos logros quedan restringidos a una parte minoritaria de la humanidad.

1. Desarrollo tecnológico restringido

Es innegable el desarrollo tecnológico experimentado por muchos países, especialmente del hemisferio norte, gracias al estímulo generado por el enriquecimiento ilimitado que promete la economía de mercado. La revolución industrial y la tecnológica constituye un hito en la historia, al menos en la historia de los países que se benefician de ello, dado que tres cuartas partes de la humanidad continúan excluidas de los grandes avances tecnológicos.

2. Bienestar material restringido

La aplicación de la tecnología a las distintas esferas de la vida cotidiana —comunicación, producción y manufacturación, salud, hábitat, educación, acceso a la información, etcétera— ha supuesto que la calidad de la vida material haya aumentado como nunca antes. Pero aunque la esperanza de vida, por ejemplo, se haya incrementado considerablemente en muchos de los países desarrollados y en algunos en vías de desarrollo, lo ha hecho mucho menos en gran parte de la población mundial.[3]

3. Comunicación global restringida

La impresionante transformación que han experimentado las comunicaciones, tanto en lo que se refiere a desplazamientos de personas y mercancías como al flujo de información, ha hecho del planeta una aldea global y ha contribuido en gran medida al surgimiento de una conciencia planetaria, especialmente en las zonas económicas desarrolladas. Resulta no obstante paradójico que los países desarrollados tengan abiertas sus fronteras para las materias primas y los capitales procedentes de los países poco desarrollados y no para los seres humanos que los habitan y que aspiran a migrar buscando un mejor nivel de vida.

Los efectos colaterales

Aunque los logros son evidentes es lícito preguntarse si el precio real que estamos pagando por ellos, en forma de «daños colaterales», merece la pena. Somos muchos los que pensamos que quemar la casa para que el fuego nos proteja del frío no es la mejor solución.

1. Crisis ecológica

La crisis ecológica sin precedentes que estamos viviendo es tal vez el daño colateral —que ya está dejando de ser colateral para convertirse en central— más grave. Tanto el desarrollo tecnológico como el bienestar material y la comunicación global (todos ellos restringidos a una parte minoritaria de la población mundial) están provocando un desequilibrio ecológico que afecta a toda la humanidad. Algunos científicos, como James Lovelock, padre de la teoría Gaia, estiman que el daño ecológico generado al ecosistema planetario es ya irreversible. Hasta tal punto que afirman que ni siquiera el llamado desarrollo sostenible es ya viable y proponen que únicamente con una desaceleración gradual de la producción-consumo tendríamos alguna oportunidad de restablecer a largo plazo el mal causado.

El hecho incuestionable es que estamos produciendo y consumiendo mucho más de lo que el planeta nos permite. Según la World Wildlife Fund (WWF, Fondo Mundial para la Naturaleza):

Después de la crisis de 1929, los gobiernos que se lanzaron a la carrera del crecimiento económico necesitaron un indicador para medir el resultado de sus esfuerzos. El PNB fue inventado por el premio Nobel Simon Kuznets para responder a esta necesidad. Hoy día, frente a los desafíos del siglo XXI, y sobre todo frente al agotamiento programado de los recursos naturales, los gobiernos y los individuos que desean aplicar los conceptos del desarrollo

sostenible también necesitan una herramienta de medición perti-
nente. La huella ecológica es una de estas herramientas.

La huella ecológica es una medición de la presión que ejerce
el ser humano sobre la naturaleza. Es una herramienta que eva-
lúa la superficie productiva que una población necesita para
responder a su consumo de recursos y a sus necesidades de
absorción de desechos...

A escala global, la impronta ecológica de la humanidad es
una estimación de la superficie terrestre o marina biológica-
mente productiva necesaria para responder al conjunto de sus
necesidades...

Según el informe «Rapport Planète Vivante 2002» de WWF,[4]
la huella ecológica global de la humanidad casi se ha doblado
en el transcurso de los últimos 35 años y ha superado un 20%
la capacidad biológica de la Tierra...

Este estudio también permite poner en evidencia las profundas disparidades entre los países: la impronta ecológica de
los países de ingresos altos es un promedio de seis veces más
elevada que la de los países de ingresos bajos...

Hablando claro, vivimos por encima de la capacidad de recursos del planeta y estamos poniendo en grave peligro las generaciones futuras: ¡en 2050, si no hacemos nada, la impronta
ecológica de la humanidad podrá superar el cien por cien de la
capacidad biológica del planeta!

La crisis ecológica actual no es un problema coyuntural, es
inherente a la economía de mercado tal y como la conocemos

ahora. En la base de todo el sistema productivo están las materias primas, que son limitadas. No puede haber un crecimiento material ilimitado basado en materias primas limitadas. La ecuación es así de simple.

La actual crisis ecológica, por sí sola, es de una gravedad tal que no solo está poniendo en peligro el actual sistema económico, sino la existencia misma de la civilización humana.

2. Injusticia social

La economía de mercado no solo no ha paliado la injusticia social (el reparto equitativo de la riqueza obtenida), sino que la ha agravado, ampliando la brecha norte-sur y la desigualdad entre las distintas capas sociales en el seno mismo de los países de mayor ingreso. El llamado Estado de bienestar fenece ante los embates de los adalides del beneficio ilimitado a cualquier precio.

3. Déficit democrático

Los defensores de la economía de mercado afirman que esta y el sistema democrático son inseparables. Que la expansión de la economía de mercado expande al mismo tiempo el sistema democrático. Esta retórica está muy lejos de la realidad. Por un lado, las multinacionales y las grandes agencias financieras, verdaderos agentes, intérpretes y promotores de la economía de mercado, son poderes transnacionales no sujetos al control político ni a la voluntad democrática. Por otro lado, estos poderes no pueden permitirse el control ciudadano ni siquiera dentro de un país, por lo cual su estrategia va siempre dirigida a minar cualquier poder que se interponga en sus propósitos, sean estos parlamentos, sindicatos, asociaciones vecinales, de consumidores, partidos políticos, etcétera, como puede comprobar cualquier observador lúcido de la actualidad.

4. Desvertebración social

Este déficit democrático propio de las economías de mercado conduce inevitablemente a una desvertebración social, en la que los individuos aislados son más fácilmente manipulables para ser conducidos a una productividad ciega y a un consumo exacerbado. La única colectividad lícita es la formada por las masas de consumidores compuesta por individuos aislados. En esta situación, las instituciones públicas tienen como única misión la de actuar como gendarmes que aseguran el funcionamiento de la producción y el consumo.

5. Dominación y colonización

La religión del mercado es quizá el sistema totalitario más eficaz de la historia. Impulsada por un fanatismo excluyente, arrasa el patrimonio histórico, social y cultural de los pueblos, imponiendo una nueva forma de dominación y colonización, ya sea por medio de la presión económica, ya sea directamente por la fuerza de las armas.

6. «Choque de civilizaciones»

Este intento de dominación ideológica, económica y militar conduce naturalmente al llamado, con cierto cinismo, «Choque de civilizaciones», expresión desafortunada que trata de ocultar algo mucho más prosaico: la codicia y la justificación ideológica de los que consideran de su propiedad cualquier reserva de materias primas, esté donde esté.

7. Conflictos armados

Los conflictos armados, como la degradación ecológica, son inherentes a la economía de mercado. No se trata de que haya conflictos armados puntuales y geográficamente restringidos, debidos a cuestiones religiosas o a odios ancestrales. La economía de mercado —sus adalides, para ser más exacto— recurre a la guerra cuando sus ambiciones se ven obstaculizadas. Siendo los recursos naturales limitados como son y estando basada la religión del mercado en la codicia sin límite y en la necesidad imperiosa de recurrir a ellos, las guerras de rapiña se convierten en un hecho consustancial.

8. Incertidumbre global

Todo lo cual genera el clima de incertidumbre global en el que nos hemos acostumbrado a vivir. No hay más ley que la del beneficio, la acumulación, la producción y el consumo. El tema de la seguridad se ha vuelto recurrente. Cada vez nos sentimos menos seguros. A pesar de los grandes logros conseguidos en los dos últimos siglos, la sensación global es la de que la burbuja puede estallar en cualquier momento. Y en el desconcierto global nos hacen confundir los síntomas con las causas: ¿es el terrorismo internacional y nacional, el paro, la precariedad del empleo y la dificultad de acceder a la vivienda, la fluctuación de los mercados financieros o la carestía de la vida los que nos hacen sentir inseguros? ¿O estos aspectos no son más que síntomas de un sistema ideológico, económico y casi religioso, auténtico generador de inseguridad e incertidumbre global?

9. Infelicidad global

La economía de mercado ha generado un gran bienestar material en los países en los que se halla plenamente establecida, es cierto. Pero ¿qué precio estamos pagando por este bienestar que solo es material? ¿Puede aportar el bienestar material por sí solo la felicidad y el bienestar existencial al que aspiramos todos los seres humanos?

Según el informe de la Conferencia Ministerial Europea de la Organización Mundial de la Salud (OMS) del año 2006:

> Europa conoce una muy fuerte prevalencia de los desequilibrios mentales. De los 880 millones de habitantes que tiene la región europea, se estima alrededor de 100 millones el número de per-

sonas afectadas por la ansiedad y la depresión; más de 21 millones de personas sufren problemas relacionados con el abuso del
alcohol...

En la región, los trastornos neuropsiquiátricos constituyen la
segunda gran causa de enfermedad después de las enfermedades
cardiovasculares... La depresión sola (un 6,2 del total de las enfermedades) es la tercera causa de enfermedad por importancia.
Cinco de los quince principales factores que contribuyen a las
enfermedades crónicas son de origen mental. En gran número de
países europeos, los problemas de salud mental son responsables
del 35 al 45% del absentismo laboral...

En cuanto al suicidio, nueve de los países que presentan las
tasas más elevadas de suicidio en el mundo se encuentran, de
hecho, en la región europea. Según los datos disponibles más re-
cientes, alrededor de 150.000 personas (el 80% de ellas son va-
rones) se suicidan cada año en Europa. El suicidio es una de las
principales causas ocultas de muerte en los jóvenes, ocupando el
segundo lugar en importancia después de los accidentes de circu-
lación entre los 15 y 35 años...[5]

Tercera parte:
El zen en la plaza del mercado

Con el corazón y los pies desnudos
regresas a la plaza del mercado.
Tu sonrisa brilla bajo las cenizas.
No haces milagros y, sin embargo,
allí por donde pasas,
florece la primavera.

La doma del buey,
KAKUAN SHIEN (1100-1200)

6. La manipulación de las conciencias

¿Qué relación existe entre la primera y segunda parte de este libro? Esto es lo que trataré de responder en esta tercera parte.

Mi primer maestro, Taisen Deshimaru, solía decir que el zen no es una respuesta espiritualista a un mundo materialista, sino una forma de vida que trasciende, unificándolos, espíritu y materia. La realidad no es exclusivamente espiritual ni exclusivamente material. De hecho, los conceptos de «espiritual» y «material» constituyen otra dualidad que debe ser superada. Decía también que la práctica de la meditación zen espiritualiza la materia al mismo tiempo que materializa el espíritu.

Como estamos viendo, uno de los presupuestos ideológicos de la religión del mercado es el de reducir el anhelo de felicidad de los seres humanos a la simple esfera material. Prueba de ello es la obsesión de los economistas y políticos por medir el grado de desarrollo de una población exclusivamente por el PIB (Producto Interior Bruto) y por otros índices de crecimiento económico.

La enseñanza zen no es una mística espiritual destinada a aquellos que ansían dar la espalda a los problemas del mundo y refugiarse en un pseudonirvana. El mismo Buda Shakyamuni permaneció siempre en contacto con el dolor y el sufrimiento de sus coetáneos. Las enseñanzas y la forma de vida de los primeros budistas despertaron la cólera de los sacerdotes védicos y de algunos reyes, debido, por ejemplo, al rechazo del Buda Shakyamuni de los sacrificios de animales, a la aceptación de las mujeres en la orden monástica y a su oposición al sistema de castas de la sociedad india de la época.

La compasión que acompaña siempre el despertar de la sabiduría es representada en el budismo por la figura arquetípica de Avalokiteshvara (*Kwan yi,* en chino; *Chenrezi,* en tibetano; *Kanzeon,* en japonés).

El término japonés Kanzeon designa a «aquel que permanece atento al sonido del mundo», entendiendo «sonido» como el dolor y el sufrimiento de los seres humanos. ¿Cómo podríamos permanecer sordos los practicantes zen modernos al enorme clamor de dolor y aflicción de nuestro tiempo?

¿Acaso no enseñó el Buda a reconocer la existencia del dolor, a reconocer sus causas profundas, a afirmar el potencial innato de la vida humana para acceder a verdaderos estados de bienestar y de felicidad, y a señalar el camino que conduce desde la aflicción hasta el pleno gozo interno?

La religión del mercado es un sistema de pensamiento y una forma de vida profundamente destructivos que está generando un enorme sufrimiento a la humanidad y un desastre ecológico sin precedentes. Por ello debe ser denunciada y su sistema de valores debe ser deconstruido a la luz de la sabiduría y de la compasión budistas.

No obstante, al utilizar la expresión «religión del mercado» no me estoy refiriendo tan solo a un sistema de valores exterior a las mentes de los individuos, sino a un sistema de valores que se ha inoculado profundamente en el interior de las mentes de millones de individuos. Por lo tanto, no se trata de luchar solo contra un poder externo, sino de transformar íntimamente nuestros propios sistemas de valores individuales. Todos y cada uno de nosotros somos corresponsables de lo que nos sucede y de lo que está ocurriendo a nuestro alrededor. Tenemos que asumir nuestra responsabilidad individual y preguntarnos por qué las personas sucumben (sucumbimos) en masa a la persuasión de la religión del mercado. ¿Qué hay en nosotros que nos vuelve tan enormemente vulnerables a la seducción de la nueva religión?

La doble manipulación

Según David Loy,[1] la religión del mercado nos conquista a través de una estrategia doble. Por un lado, manipula la tendencia natural hacia la felicidad inherente a todos nosotros, creándonos la *ilusión* —o el error cognitivo— de que acumulando beneficios y consumiendo desenfrenadamente vamos a alcanzar esa felicidad que anhelamos. Las agencias de publicidad, los especialistas del *marketing* y los medios de comunicación son los responsables de generar este engaño en las conciencias. Esta ilusión actúa mediante un reduccionismo castrador: reduce el anhelo de felicidad a la producción y al consumo de bienes materiales.

La ilusión que nos inocula la religión del mercado consiste en hacernos creer que la satisfacción de todas estas necesidades se consigue únicamente con la obtención de beneficios materiales y el consumo de objetos materiales.

Por otro lado, una vez generada esta ilusión, la religión del mercado exacerba la avaricia y la codicia de una forma también doble:

- Avaricia de beneficio (a través de la producción).
- Avaricia de experiencias sensoriales (a través del consumo de objetos, de propiedades, de «sensaciones»).

De forma que tanto la obtención de beneficios como su utilización en la adquisición de todo tipo de experiencias sensoriales actúan como un embriagante, como un narcótico que nos vuelve insensibles e inconscientes a la principal causa de nuestra angustia existencial, a saber, que somos mortales y que nuestro tiempo de vida no es eterno.

El diccionario de la RAE define la avaricia como «afán desordenado de poseer y adquirir riquezas para atesorarlas», y la codicia como «afán excesivo de riquezas; deseo vehemente de algunas cosas buenas; apetito sensual».

La avaricia y la codicia, que casi todas las religiones tradicionales consideran actitudes perniciosas que deben ser controladas y transformadas, son para la religión del mercado las principales virtudes que sus adeptos deben desarrollar.

> Sin embargo, esta avaricia está basada en una ilusión: la ilusión de que la felicidad se encuentra de esta manera. Buscar una realización mediante el beneficio, o hacer del consumo el sentido de la propia vida, desemboca en una falsa religión, una perversión demoníaca de la verdadera religión; y cualquier institución religiosa que hace las paces con la prioridad de los valores del mercado no merece ser llamada una religión genuina.
>
> En otras palabras, la avidez es parte de un falso sistema de valores (la manera de vivir en este mundo) basado en un incorrecto sistema de creencias (lo que es el mundo).[2]

La avaricia y la codicia deben ser consideradas también por la sociedad civil como un crimen contra la humanidad y contra el planeta Tierra, especialmente en un momento histórico en el que la sobreexplotación de los recursos naturales por parte de los países de mayores ingresos es una amenaza para la supervivencia de las generaciones presentes y futuras.[3]

> Frente a ellas debemos fortalecer la voluntad moral, tal y como enseñan las religiones semíticas, y desvelar el enorme error cognitivo (ignorancia) que las alimenta, como enseñan las religiones asiáticas.[4]

Visto esto, aunque los propagadores de la religión del mercado no van a cesar en el bombardeo propagandístico al que nos someten, cada uno de nosotros, individualmente, debe asumir la responsabilidad de proteger su conciencia de esta propaganda y la de depurar su mente y su corazón de estas lacras moralmente inaceptables que son la avaricia y la codicia, es decir, el deseo desbocado hasta el paroxismo.

La manipulación del deseo

La religión del mercado se alimenta con la energía de nuestro deseo.

El deseo es la fuerza motora de la vida. Si estoy aquí escribiendo esto y si tú, querido lector o lectora, estás ahí leyendo lo que he escrito, es porque hemos nacido. Y hemos nacido por la fuerza del deseo de nuestros padres.

El poder de desear es inherente a la existencia humana. Los grandes logros que conseguimos individualmente y los conseguidos por la humanidad en su conjunto son debidos a la fuerza del deseo. Desear es vivir y vivir es desear. Ahora bien, ¿desear qué, para qué, cómo, cuándo?

La fuerza del deseo debe ser domesticada por la inteligencia, por la sabiduría y por la compasión. En sí mismo, estimulado sin ninguna dirección ni propósito, el deseo es un fuego destructivo, un fuego emocional más peligroso y destructor que el fuego físico. Así como hemos aprendido a manejar el fuego y convertirlo en una fuerza benéfica, debemos aprender a controlar y dirigir la fuerza del deseo. Vemos lo que un incendio descontrolado puede provocar en los bosques y en las ciudades; después del resplandor cegador vienen las cenizas. La economía de mercado está incendiando el planeta estimulando un deseo insaciable en los seres humanos, incitándonos a producir y a consumir sin más dirección ni sentido que la obtención de un beneficio material rápido. Aún vivimos una especie de *belle époque,* pero tras el resplandor de las luces del consumo acechan las cenizas.

Hemos caído en una trampa. Estamos siendo víctimas de un estímulo condicionado global; primero, nuestro deseo de consumir es excitado por la publicidad. Pero para poder consumir necesitamos poder adquisitivo, es decir, el poder de adquirir los objetos que deseamos. Para obtener poder adquisitivo nos vemos obligados a entrar en la rueda de la producción y dar nuestro tiempo de vida, en forma de trabajo asalariado. Estamos siendo ordeñados como vacas. La religión del mercado sobreexplota la naturaleza, a los animales y a las plantas. En las granjas avícolas, los pollos viven enjaulados; sus movimientos son limitados; sus vidas se reducen exclusivamente a comer y defecar. De la misma forma, la religión del mercado explota a los individuos encerrándoles en un horizonte de vida limitado, estimulando el deseo y la codicia que constituyen la energía fundamental que pone en funcionamiento el engranaje infernal en el que han convertido nuestra existencia.

Ganamos algunas cuentas de colores, un bienestar ficticio, y a cambio nos perdemos a nosotros mismos. A todas luces se trata de un mal negocio para la inmensa mayoría de los seres que poblamos este planeta.

Un poema zen dice:

> La melodía de su vida es clásica.
> Su espíritu es puro y su modo de andar
> posee una nobleza natural.
> Sus mejillas están hundidas.
> Sus pómulos son fuertes.
> Nadie le presta atención.
> El hijo de Shakhya[5] es conocido por ser pobre.
> Su apariencia es pobre,
> pero su espíritu no conoce la pobreza.
> Es pobre porque va habitualmente vestido de harapos.
> Pero posee la Vía
> y en el fondo de su espíritu
> guarda este tesoro inestimable.
> Y este tesoro, aunque haga uso de él,
> no se agota jamás.
> Por eso puede hacer que todos
> se beneficien de él en cada ocasión
> sin ninguna reserva
> eternamente.[6]

7. Identificando el engaño

La responsabilidad individual

Desde el punto de vista del zen, nuestra responsabilidad individual es la de despertarnos y tomar conciencia del mundo real. Somos corresponsables de lo que estamos experimentando ahora. El victimismo es una delegación de responsabilidad. La religión del mercado funciona solo porque los individuos hemos sucumbido a su canto de sirena. Ahora debemos tomar conciencia del poder de nuestro deseo y aprender a usarlo sanamente para nuestro bien y para el bien colectivo. Necesitamos una nueva cultura del deseo.

La sabiduría popular nos enseña que «No es más feliz quien más tiene [quien más consume], sino quien menos desea». Esta es también la enseñanza central del budismo zen.

Si queremos detener y liberarnos de este engranaje infernal, debemos asumir la responsabilidad individual de reducir conscientemente nuestros deseos; de esta manera, la cantidad de poder adquisitivo que necesitaremos para satisfacerlos también se reduce. Al reducir la necesidad de poder adquisitivo, reducimos la necesidad de vender nuestro tiempo de vida (nuestro trabajo) a cambio de un salario, recolocando de esta forma la función del trabajo en nuestras vidas y redescubriendo una verdad de Perogrullo: no vivimos para trabajar, sino que trabajamos para vivir. Al reducir nuestro tiempo de trabajo, reduciremos inevitablemente la productividad. Al reducir la productividad (que no es otra cosa que la transformación de recursos naturales en productos manufacturados), reduciremos el uso de recursos naturales. Al reducir el uso de recursos naturales, reduciremos la degradación ecológica.

De esta forma podremos ralentizar primero y estabilizar después el crecimiento económico hasta convertirlo en un crecimiento sostenible y solidario con los demás seres humanos y con la naturaleza.

Hoy día, las políticas económicas de casi todos los países están basadas en el crecimiento continuo e ilimitado: vamos corriendo hacia el abismo sin darnos cuenta, engolfados en una orgía de consumo y en una alegre despreocupación parecida a la de la *belle époque,* de la cual Europa se despertó con la pesadilla de la Segunda Guerra Mundial.

Más allá del brillo y de los oropeles, vivimos unos tiempos dramáticos que nos obligan a asumir individualmente el imperativo moral e histórico de militar activamente para detener e impedir los efectos devastadores que la religión del mercado está provocando en todo el planeta y en todas las sociedades humanas.

De manera individual tenemos que vacunarnos y liberarnos interiormente del virus destructor que los propagandistas de la religión del mercado nos han inoculado. Tenemos que reducir nuestros deseos y negarnos tanto a una productividad como a un consumo que sean inmorales, insanos e insensatos.

De manera colectiva tenemos que movilizarnos y actuar de forma pacífica como ciudadanos constituidos en grupos de opinión y de presión.

Pero también, para liberarnos del virus que los propagandistas de la religión del mercado ya han inoculado en nuestras mentes, necesitamos reflexionar, despertarnos, identificar, desmontar y desestructurar la ideología y las creencias que vertebran esta religión y que actúan en nuestro interior, sin que muchas veces seamos conscientes de ello.

Deconstruyendo la religión del mercado

Como he dicho antes, el poder actual de la religión del mercado está basado en una ilusión (un error cognitivo) y en la exacerbación de la codicia y la avaricia de bienes de consumo. Dado que sus órganos de propaganda están ampliamente extendidos, este error cognitivo ha sido inoculado en gran parte de la humanidad, es decir, en casi todos nosotros.

Analicemos las 10 principales leyes de la religión del mercado:

Primera ley: el máximo beneficio económico es el paraíso en la Tierra

Este principio ampliamente asumido deja entrever que la adquisición de bienes materiales basta por sí sola para alcanzar la felicidad que anhelamos. Si esto fuera cierto, los habitantes de los países de mayores ingresos deberíamos ser los seres más felices del planeta. Sin embargo, sabemos que esto no es así. Paradójicamente, los rostros más sonrientes no pertenecen a los habitantes de los países ricos, lo cual no significa que para poder sonreír ampliamente tengamos que ser pobres. Lo que significa es que el índice de felicidad existencial no puede ser equiparado al bienestar material. Las tasas de suicidio más altas se dan en países ricos.

El estado de felicidad global de un ser humano no viene dado solo por sus riquezas materiales, sino que es alimentado también por la satisfacción de su necesidad de pertenencia, de autoestima, del reconocimiento de su naturaleza humana y de sus capacidades individuales, de su relación con el entorno social y ecológico, de su sentido de realización personal y de la satisfacción de su tendencia innata a la trascendencia, es decir, a sentirse conectado con una realidad más amplia que su propia individualidad, realidad en la que su acción personal adquiere un sentido. En definitiva, la felicidad global de un individuo viene dada por la satisfacción de sus necesidades materiales, emocionales, sociales, cognitivas y espirituales.

La religión del mercado no se interesa por nada que no sea transformable en beneficio económico; lo reduce todo a eso. Si en la sociedad del mercado siguen existiendo el arte, la pintura, la música, el cine o la literatura, es porque puede convertir todo esto en beneficios económicos. Y todo aquello que dificulte u obstaculice la generación del máximo beneficio económico es percibido por la economía de mercado como algo que debe ser suprimido. De ahí que, en los países más ricos, el grado de alienación de los individuos respecto de sus verdaderas necesidades emocionales y espirituales sea el más alto. Para poder integrarse en la sociedad del mercado, los individuos se ven obligados a renunciar —hasta olvidarlas— a sus necesidades emocionales y espirituales más simples. El producto final es un *Homo economicus,* un *Homo faber,* una máquina de producir y consumir.

Aunque esto es así, ¿de qué beneficio económico se trata y quiénes son los realmente beneficiados? Por *beneficio* los defensores de la religión del mercado entienden «nivel adquisitivo», es decir, el poder de adquirir objetos de consumo. Y es cierto que el mercado está saturado de baratijas de colores a precios competitivos. Pero también es cierto que el acceso a necesidades básicas como la vivienda sigue siendo muy difícil aun en los países ricos.

El hecho es que la mayor parte de los beneficios están reservados a las grandes empresas multinacionales y que estas escapan al control democrático. Aunque podamos comprarnos un coche, una casa, ir de vacaciones un mes al año, pagar la educación de los hijos, etcétera, las grandes empresas multinacionales pueden comprarse una isla entera o un país, actuar como sumos sacerdotes de la nueva religión, imponer las leyes que más les convienen, comprar voluntades, comprar gobiernos...

Los beneficios que obtenemos la mayoría de los seres humanos no son más que las migajas que caen del pastel que se están comiendo los que realmente se aprovechan del montaje. Nuestros beneficios son las cuentas de colores que los colonos blancos daban a los nativos a cambio de sus tierras: bisutería a cambio de la cual entregamos lo más valioso de nuestras vidas.

Y aun suponiendo que todos los ciudadanos de los países ricos nos estemos beneficiando de la economía de mercado, tenemos que tomar conciencia de que la mayor parte de las materias primas que usamos en nuestro juego de producción-consumo no procede precisamente de nuestros países, sino de regiones geográficas que se encuentran allende nuestras fronteras superprotegidas. Y sucede que esas regiones también están habitadas por seres humanos. ¿Se están beneficiando ellos a su vez de nuestra fiesta? El desequilibrio norte-sur ha aumentado de forma escandalosa en los últimos 20 años. Los precios de las materias primas proporcionadas por los países poco desarrollados han disminuido y los precios de los productos manufacturados por los países ricos han aumentado. Estos presionan a los países pobres para que abran sus fronteras a sus productos en nombre del libre comercio, al mismo tiempo que levantan medidas proteccionistas para los productos de los países pobres.

¿Se están beneficiando los países pobres endeudados del crecimiento económico de los países ricos? Más bien, no. La llamada deuda externa sigue estrangulando el bienestar material de muchos habitantes del planeta. Deberíamos preguntarnos, por ejemplo, ¿qué es la deuda externa, quién debe a quién?

Retrocedamos un poco en la historia. Consta en el Archivo de Indias que solamente entre los años 1503 y 1660 llegaron a Sanlúcar de Barrameda 185 000 kilos de oro y 16 millones de kilos de plata provenientes de América. Como afirmó el escritor venezolano Arturo Uslar Pietri (premio Príncipe Asturias de las Letras en 1990): «El arranque del capitalismo y la actual civilización europea se deben a la inundación de metales preciosos que llegó de América a partir del siglo XV».[1]

Adam Smith escribió que el descubrimiento de América «elevó el sistema mercantil a un grado de esplendor y de gloria que de otro modo no hubiera alcanzado jamás».

Según el historiador argentino Sergio Bagú, el más formidable motor de acumulación del capital mercantil europeo fue la esclavitud americana:

El régimen económico luso-hispano del periodo colonial no es feudalismo. Es capitalismo colonial [...]. Lejos de revivir el ciclo feudal, América ingresó con sorprendente celeridad dentro del ciclo del capitalismo comercial [...]. Más aún: América contribuyó a dar a ese ciclo un vigor colosal, haciendo posible la iniciación del periodo del capitalismo industrial siglos más tarde.

Para el autor polaco Ryszard Kapuscinski (premio Príncipe de Asturias de Comunicación y Humanidades 2003):

> El comercio de esclavos dura cuatrocientos años. Comienza en el siglo XV y termina [...] oficialmente en la segunda mitad del siglo XIX, aunque en algunas ocasiones dura más: por ejemplo, hasta 1936 en Nigeria del Norte [...]. Entre 15 y 30 millones de personas fueron secuestradas y transportadas más allá del Atlántico en condiciones terribles. Se estima que durante un viaje así (de dos o tres meses de duración) morían de hambre, asfixia y sed casi la mitad de los esclavos; hubo casos en que murieron todos. Los supervivientes trabajaban más tarde en las plantaciones de caña de azúcar y de algodón en Brasil, en el Caribe y en Estados Unidos, construyendo la riqueza de aquel hemisferio. Los traficantes de esclavos (principalmente portugueses, holandeses, ingleses, franceses, norteamericanos, árabes y sus socios africanos) despoblaron el continente y lo condenaron a una existencia vegetativa y apática: incluso en nuestros tiempos, grandes superficies de aquella tierra siguen despobladas y se han convertido en desiertos. Hasta hoy día África no se ha desprendido de esta pesadilla, no ha levantado cabeza tras semejante desgracia.[2]

Eduardo Galeano escribe:

> [...] pero los portugueses no tenían naves ni artículos industriales que ofrecer en la época del auge de la trata de negros, y se convirtieron en meros intermediarios entre los capitanes negreros de

otras potencias y los reyezuelos africanos. Inglaterra fue, hasta que ya no le resultó conveniente, la gran campeona de la compra y venta de carne humana. Los holandeses tenían, sin embargo, más larga tradición en el negocio, porque Carlos V les había regalado el monopolio del transporte de negros a América, tiempo antes de que Inglaterra obtuviera el derecho de introducir esclavos en las colonias ajenas. Y en cuanto a Francia, Luis XIV, el Rey Sol, compartía con el rey de España la mitad de las ganancias de la Compañía de Guinea, formada en 1701 para el tráfico de esclavos hacia América; y su ministro Colbert, artífice de la industrialización francesa, tenía motivos para afirmar que la trata de negros era «recomendable para el progreso de la marina mercante nacional».[3]

Hoy, en el siglo XXI, cada día mueren de hambre 50 000 personas —35 000 de ellas niños menores de 5 años, según estimaciones de la FAO— procedentes del llamado Tercer Mundo, principalmente África y América del Sur.

Imagínate que un lunes mueren 50 000 personas en Valencia.

Al día siguiente, martes, 50 000 personas en Madrid.

Al día siguiente, miércoles, 50 000 personas en Barcelona.

Al día siguiente, jueves, 50 000 personas en Bilbao.

Al día siguiente, viernes, 50 000 personas en Sevilla.

Al día siguiente, sábado, 50 000 personas en A Coruña.

Al día siguiente, domingo, 50 000 personas en Oviedo.

Al día siguiente, lunes, 50 000 personas en Alicante.

Al día siguiente, martes, 50 000 personas en Cáceres...

Y así, día tras día...

¿Qué haríamos si así fuera? ¿Qué harían nuestros políticos? ¿Qué harían nuestros bancos?

La esclavitud continúa existiendo en nuestros días. El sistema financiero internacional y la mayor parte de los Estados ricos son los nuevos agentes que perpetúan una situación que condena a la pobreza al 80% de la población mundial, mientras el 20% restante se beneficia de una injusticia que desgarra la conciencia del ser humano.

La mayor parte de la población mundial vive con menos de un euro al día. Sin embargo, los ganaderos europeos y norteamericanos reciben cuatro euros al día como subvención del Estado por cada vaca. Es más fácil ser una vaca en un país rico que un ser humano en un país pobre.

En esta situación, la mayor parte de los países pobres viven además asfixiados por la espada de Damocles de la llamada deuda externa: lo que los países pobres deben a los países ricos. Las instituciones internacionales, dominadas por los países ricos, encargadas de regular esta deuda, obligan a los países deudores a severos ajustes estructurales que tienen como consecuencia el abandono de la asistencia social a los menos favorecidos, con lo cual el hambre y las enfermedades no hacen más que aumentar. En general, los préstamos de los países ricos no favorecen a la población más necesitada, sino sobre todo a la clase media-alta que anhela integrarse en el mecanismo infernal del consumo. Muchas otras veces, el dinero prestado es utilizado para la compra de armas o de tecnología... a los mismos países prestamistas.

¿Quién debe a quién? ¿Quién debe pagar a quién? La deuda que Europa y Estados Unidos han contraído históricamente con África y la América pobre (incluida la población negra e hispana de Estados Unidos) es enorme. Si Europa y Estados Unidos tuvieran que devolver todo lo que han robado en ambos continentes, y a ello se le añadiera los intereses acumulados durante siglos, no habría dinero suficiente en el mundo para hacerlo. Si tuvieran además que indemnizar a los ciudadanos por el daño causado a sus sociedades, por la destrucción de sus sistemas familiares, por el dolor, por los secuestros y por la rapiña de sus recursos naturales... los Estados ricos modernos tardarían siglos en recompensar la destrucción causada.

Están las deudas que se firman en las grandes instituciones, en los despachos acristalados de las últimas plantas del imperio, en presencia de abogados, notarios, funcionarios, etcétera. Y está la deuda kármica, la deuda real que se produce en el fluir mismo de la vida. Según el budismo, *karma* es la ley de causa y efecto. Todo efecto ha tenido su causa y toda causa tiene su efecto. Hay acción y reacción. Y aunque esta ley no sea tenida en cuenta en las grandes leyes internacionales (creadas por los países ricos para proteger y perpetuar su situación de dominación), existe y actúa.

Europa y Estados Unidos no podrán construir nunca una sociedad feliz basándose en la injusticia y en la miseria moral, salvo al precio de aniquilar su propia conciencia moral y con ello toda posibilidad de una existencia verdaderamente humana. El 20% de la humanidad no puede continuar consumiendo el 80% de los recursos del planeta, mientras millones de seres humanos mueren cada año por no tener acceso al agua potable ni al alimento necesario.

Finalmente, los costes reales de este beneficio tan restringido recaen sobre los ecosistemas. Se están obteniendo beneficios económicos, pero estamos contaminando el aire que respiramos, el agua que bebemos, destruyendo el equilibrio del clima, envenenando la tierra que nos alimenta, esquilmando los mares, es decir, estamos destruyendo el nicho ecológico en el que sucede nuestra propia existencia.

¿Beneficio? ¿Qué clase de beneficio? ¿Y para quién?

Segunda ley: la economía de mercado es el orden
natural del mundo, es decir, la verdad objetiva,
la palabra intocable de Dios, las nuevas tablas
de la Ley que deben ser acatadas sin contestación
puesto que han sido dictadas directamente
por la Realidad Absoluta

Esto es al menos lo que dicen sus defensores. Pero, muy al contrario, la teología propuesta por los economistas defensores de la religión del mercado es una ideología creada por seres humanos, no el orden natural del mundo. Es una mezcla del racionalismo cartesiano de René Descartes, del utilitarismo de

Bentham y de Mill y del positivismo del siglo XVIII, unida a una interpretación particular de la ética protestante.

La religión del mercado no es la expresión del orden natural del mundo, sino una ideología y un sistema económico que responden a unos intereses muy específicos de un grupo muy reducido, que usa en su beneficio la naturaleza, la fuerza de trabajo, las instituciones y el patrimonio de la mayor parte de la humanidad.

Tercera ley: el trabajo es tan solo un coste en los intercambios económicos

La economía del mercado reduce el trabajo a su poder productivo, a la actividad maquinal de transformar materias primas en productos manufacturados siguiendo un criterio de eficacia, definida esta como «máxima productividad, en el menor tiempo posible, con el menor coste (económico) posible».

El hecho de que ese trabajo sea realizado por trabajadores, es decir, por seres humanos, carece de importancia. La dimensión subjetiva del trabajo, las condiciones laborales y las necesidades de los trabajadores (no solo económicas, sino también afectivas, sociales, existenciales) no representan más que un «mayor costo», que debe ser reducido como sea.

De aquí que el trabajo se haya convertido en una actividad alienante para los que lo ejecutan, enajenando al trabajador de su propia condición de ser humano y de sus necesidades básicas. En la religión del mercado no se trabaja para vivir, se vive para trabajar. Y cuando ya no puede trabajar (parados, jubilados, jóvenes sin empleo, amas de casa), el trabajador pierde prácticamente su carta de pertenencia a esta religión y queda marginado al infierno de la «no producción» y, por lo tanto, del «no consumo». Pierde su derecho a vivir.

Cuando el coste del trabajo reduce los beneficios de los empleadores, estos recurren a la deslocalización: se sustituye a los trabajadores por robots, se producen despidos masivos y cierres. Y los trabajadores que pierden su puesto de trabajo-producción entran en el limbo de la religión del mercado: no están muertos, pero tampoco se reconoce su existencia.

Antes del advenimiento de la economía del mercado y de su precursora, la revolución industrial, el trabajo no era concebido solamente como fuerza mecánica. Aunque desde el principio el trabajo ha estado asociado a la supervivencia, constituía al mismo tiempo una de las principales expresiones del espíritu humano: su capacidad de transformar la realidad, la expresión de su creatividad y de su inteligencia. El trabajo ha sido la expresión de la inteligencia humana y, al mismo tiempo, una fuerza que ha estimulado su despertar.

En las sociedades tradiciones preindustriales, el trabajo formaba parte de la vida, pero la vida no se reducía al trabajo. Por ello, se trabajaba lo justo para seguir viviendo y no se vivía lo justo para seguir trabajando como en las sociedades postindustriales.

En resumen, el trabajo que exige la economía del mercado es una práctica enajenadora e inhumana que reduce al trabajador a la condición de máquina productiva, carente de subjetividad y de alma.

Cuarta ley: la naturaleza no es más que una reserva de recursos necesarios para el proceso de producción

La economía del mercado ha asesinado la vida natural, la naturaleza. Al considerarla exclusivamente como una reserva inerte de materia prima, la religión del mercado niega la vida de la naturaleza, le niega la condición de ser vivo, convirtiéndola en un mero objeto inanimado que solo está ahí para satisfacer la codicia. La religión del mercado, que es una religión materialista, niega el alma y la vida a los seres vivos que conforman los ecosistemas. De la misma forma que los primeros conquistadores y misioneros europeos pudieron exterminar a la población autóctona de las Américas, amparándose en la justificación de que no eran seres humanos, es decir, que no poseían alma humana, los depredadores de la religión del mercado niegan el alma y la vida a los sistemas naturales vivos con el fin de poder saquearlos sin remordimiento de conciencia.

La religión del mercado olvida no solo que los seres humanos vivimos *en* la naturaleza y que esta es el nicho ecológico imprescindible para que se dé la vida humana, sino que ignora que el ser humano *es* la naturaleza. Sin naturaleza no hay vida humana. La vida humana es inseparable de la naturaleza. Por eso, destruyendo el nicho ecológico que nos sustenta, nos estamos destruyendo a nosotros mismos como humanidad. Aunque su discurso es enormemente conocido, las palabras del jefe indio Seattle continúan resonando en el barullo del mercado.[4]

Quinta ley: el patrimonio social, cultural y espiritual es capital fungible que puede ser comprado o vendido

Para la nueva religión, el patrimonio individual, social, cultural y espiritual que hemos recibido de las generaciones que nos han precedido solo es un producto más de consumo que únicamente tiene razón de ser si se puede comprar o vender, y del que se puede prescindir si así lo dicta la sacrosanta ley de la oferta y la demanda.

La religión del mercado quiere ignorar que, como decía A. Saint-Exupéry, «Nuestro patrimonio no es lo que hemos recibido de nuestros antecesores, sino lo que debemos proteger para entregar a nuestros descendientes».

Tomemos el caso de las semillas: las semillas de cereales, legumbres, frutales y verduras tienen un importantísimo valor para la alimentación humana. Desde la invención de la agricultura, las semillas fuertes y fértiles, conseguidas mediante una selección natural que ha durado siglos, han constituido una riqueza real de las sociedades agrícolas. Tradicionalmente, los agricultores seleccionaban las mejores semillas de sus propias cosechas y las volvían a utilizar para la cosecha del año siguiente. Cada zona geográfica contaba con su propia selección de las semillas y de las especies mejor adaptadas al medio natural.

Hoy día, las multinacionales agroalimentarias están acabando con esta situación. Estas multinacionales cotizan en Bolsa, gastan enormes sumas en *marketing* y se están apropiando del mercado mundial de semillas, así como de la opinión pública desinformada. Están obligando a los campesinos de todo el mundo a adoptar un «valor» falso, apoderándose de la riqueza genética acumulada por las sociedades agrícolas tradicionales. Venden semillas cuyas plantas son infértiles, por lo que, para la siguiente cosecha, los agricultores deben volver a comprarles de nuevo semillas. Venden semillas manipuladas genéticamente cuyas plantas solo responden satisfactoriamente a los plaguicidas químicos producidos por las mismas multinacionales. Dicen vender «valores» tales como «libertad», «prosperidad», «seguridad», cuando en realidad lo que están haciendo es sojuzgar a los agricultores y destruir el patrimonio acumulado por generaciones.

Sexta ley: el precio es el valor real de las cosas

Para la religión del mercado, el valor de las cosas es su precio en el mercado. Es decir, todos los valores tienen un precio. Esto es como decir que todo está en venta. Todo es susceptible de ser vendido y comprado. Todo tiene un precio. En la dictadura de la economía de mercado, todo se compra y se vende. El criterio economicista rige la vida humana. Los valores humanos que han guiado la historia están igualmente en venta al mejor postor. A esto se le llama mercantilismo.

El amor, la fidelidad, la compasión, la amistad, el respeto y la gratitud hacia los ancianos o la protección de los niños han sido valores éticos que han guiado la historia de la humanidad desde las cavernas. Hoy día, un valor solo merece ese nombre si es capaz de cotizar en Bolsa y convertirse en montañas de dólares o de euros.

El agua clara, el aire puro, los alimentos simples y sanos, los campos de cultivo, las huertas fértiles, los vínculos emocionales, la lealtad, la protección del débil o el fuego del hogar están en la base de nuestra vida y de nuestra felicidad, pero hoy día los ejecutivos del *marketing* son capaces de vendernos todo tipo de bazofias contaminadas a precio de oro haciéndonos creer, además, que si no consumimos el producto que ellos imponen no tenemos derecho a la felicidad ni a la ciudadanía.

¿Qué es lo realmente valioso? ¿Qué es lo que tiene un valor real? Los especuladores gastan enormes fortunas y medios con el fin de vendernos «valores» cuyo único valor consiste en que unos pocos se enriquecen a costa del engaño de la mayoría.

Por ello necesitamos volver a las cosas realmente auténticas. Hemos de tener mucho cuidado con no dejarnos engañar ni por el mercado de valores ni por los valores del mercado. Por ejemplo, el valor de un tomate no está en la campaña de imagen que lo promociona, sino en su sabor, su color y sus nutrientes.

Séptima ley: el individuo tiene la libertad y el deber de consumir todo lo que produzca la economía de mercado

La religión del mercado es la religión del individualismo, pero de individuos concebidos como meros productores-consumidores. El productor-consumidor es el átomo sobre el que se sustenta la economía de mercado. Poco importa que la sociedad se desvertebre, que los parlamentos democráticos pierdan poder frente a las multinacionales y los grandes grupos de presión, que las familias se reduzcan y estallen en individualidades irreconciliables, que los sindicatos se hallen maniatados, que los partidos políticos estén dejando de ser un cauce de expresión popular... siempre y cuando haya individuos dispuestos a consumir y a vender su tiempo de vida para conseguir poder adquisitivo. Los vínculos emocionales que tradicionalmente han mantenido la cohesión social pierden su poder de unión. Los vínculos de pertenencia se desdibujan en las masas de consumidores que aguardan el día D y la hora H del comienzo de las rebajas. Las religiones tradicionales, incapaces de competir con los nuevos valores, retroceden dejando a los individuos aislados y vulnerables ante la repetición hipnótica de las consignas economicistas.

Si la situación continúa en este sentido, los países serán cada vez más ingobernables. La desestructuración social augura el caos.

Y todo esto, ¿en nombre de qué? ¿De la libertad individual? ¿Libertad para qué? Se podría decir que nuestra única libertad consiste en elegir el canal y el programa de televisión que queremos ver. Pero esta afirmación es excesivamente generosa porque incluso esa elección está teleprogramada.

Octava ley: hay que tener fe en el Progreso, es decir, en el crecimiento económico (material) ilimitado.
En el futuro se producirán más y mejores bienes materiales y se podrá consumir más y acumular más beneficios

¿Cómo podría darse un crecimiento económico ilimitado basado en materias primas y recursos limitados al mismo tiempo que la población mundial y el nivel de consumo no dejan de crecer?

Ya en 1972, el Club de Roma presentó con estas palabras los dos primeros puntos de sus conclusiones:

1. Si las tendencias actuales de crecimiento de la población mundial, la industrialización, la contaminación, la producción de alimento y la utilización de recursos continúan igual, los límites del crecimiento en este planeta llegarán en cien años. El resultado más probable será una disminución repentina e incontrolable tanto de la población como de la capacidad industrial.

2. Es posible modificar estas tendencias de crecimiento y establecer una condición de estabilidad ecológica y económica que sea sostenible a largo plazo en el futuro.

Un estado de equilibrio global podría ser diseñado de forma que las necesidades materiales básicas de cada persona del planeta sean satisfechas y que cada persona tenga igualdad de oportunidades para realizar su potencial humano individual.[5]

De igual manera, en la primera Cumbre de la Tierra celebrada en Río de Janeiro en 1992 se hizo pública la señal de alarma: el clima se recalienta, el agua potable disminuye, los bosques desaparecen, decenas de especies vivas se encuentran en vías de extinción, la pobreza total azota a más de 1 000 millones de seres humanos.

Los dirigentes del mundo reunidos en Río admitieron que «la causa principal de la degradación continua del medio ambiente mundial es un esquema de consumo y de producción no viable, especialmente en los países industrializados, que es extremadamente preocupante en la medida en que agrava la pobreza y los desequilibrios».[6]

La Agenda 21 fue el plan decidido en Río para generalizar un desarrollo sostenible:

Este plan se basa en una idea simple: el desarrollo solo puede ser duradero si las generaciones futuras heredan un medio ambiente cuya calidad es por lo menos igual a la que recibieron las generaciones precedentes. Este desarrollo supone la aplicación de tres principios: el principio de precaución, que favorece un acercamiento preventivo más que reparador; el principio de solidaridad entre las generaciones actuales y las futuras y entre todos los pueblos del mundo; y el principio de participación del conjunto de los actores sociales en los mecanismos de decisión.

Diez años más tarde, en muchos campos las cosas no han mejorado. Al contrario. Con la aceleración de la mundialización liberal, el «esquema de consumo y de producción no viable» incluso se ha reforzado. Las desigualdades han alcanzado niveles jamás conocidos desde los tiempos de los faraones. La fortuna de los tres individuos más ricos del mundo supera la suma de la riqueza de todos los habitantes de los 48 países más pobres. La degradación ecológica de la biosfera provocada por el mundo rico también se ha acentuado. Mientras que los 30 países más desarrollados solo representan el 20% de la población mundial, producen y consumen el 85% de los productos químicos sintéticos, el 80% de la energía no renovable, el 40% del agua potable. Y sus emisiones de gas (causa del efecto invernadero) por habitante son 10 veces más elevadas que las de los países del sur.[7]

Novena ley: el deseo de consumir más y de acumular cada vez más bienes te permitirá alcanzar el Paraíso Terrenal (la máxima felicidad)

La situación actual del planeta, de los ecosistemas, del clima y de la misma población humana no se asemeja precisamente a un paraíso en la Tierra:

En el transcurso del decenio pasado, las emisiones de gas carbónico (CO_2), causa principal del calentamiento de la Tierra, han aumentado un 9 por ciento... ¡Las de Estados Unidos, primer contaminador del planeta, han crecido un 18 por ciento durante el mismo periodo!

Más de mil millones de personas siguen sin disponer de agua potable y cerca de tres mil millones (la mitad de la humanidad) consumen un agua insalubre. A causa de la ingestión de esta agua contaminada, 30.000 personas mueren cada día.

Los bosques continúan siendo devastados: 17 millones de hectáreas desaparecen cada año (cuatro veces el tamaño de Suiza). Y como los árboles ya no están ahí para absorber los excedentes de CO_2, el efecto invernadero y el calentamiento de la atmósfera se agravan. Por otra parte, cada año 6.000 especies animales son exterminadas. Una extinción masiva amenaza el futuro inmediato: el 13 por ciento de los pájaros, el 25 por ciento de los mamíferos, el 34 por ciento de los peces. La Tierra no ha conocido jamás una extinción así desde la época de los dinosaurios...[8]

¿Paraíso? ¿Qué paraíso?

Décima ley: solo vence el más fuerte. Para consumir hay que acumular. La competitividad es la regla de oro. Principios éticos tales como compasión, altruismo, solidaridad, generosidad deben ser considerados supersticiones del pasado

La religión del mercado se basa en una especie de darwinismo social: solo sobrevive el más fuerte, es decir, aquel que es capaz de acumular más beneficios en forma de riquezas y de poder económico. Esta interpretación sesgada de la doctrina de Darwin aplicada a la sociedad humana justifica la injusticia social, la extinción de especies animales y vegetales, la destrucción de los ecosistemas y exacerba el individualismo, el tribalismo y el etnocentrismo como fuerzas generadoras de civilización, haciendo caso omiso del hecho de que, a pesar de que los conflictos han sido y siguen siendo una constante histórica, todas las culturas y civilizaciones han alcanzado sus mayores logros gracias a la cohesión social, a la solidaridad natural, a la cooperación y a las metas que priorizan el bien común, desde la institución familiar hasta las grandes organizaciones, las naciones, las federaciones de naciones y las grandes alianzas internacionales.

Como escribe Manuel de la Herrán:

El egoísmo puede llevar a la destrucción total, y en cualquier caso malgasta recursos si se compara con el altruismo perfecto. Sin embargo, el altruismo requiere de estrategias robustas. Si la cooperación no fuese mejor que el egoísmo, todavía seríamos seres unicelulares. No lo somos. Somos pluricelulares. Salvo en el caso de existir un cáncer, nuestras células cooperan (aunque podrían no hacerlo, mientras beneficie al conjunto). La cooperación parece estar relacionada con la aparición de entidades de orden superior, como nosotros respecto de las células, o las células respecto de las moléculas. Lo mismo les ocurre a las ideas.

La evolución, por tanto, explica la cooperación, pero ¿explica el altruismo? Yo creo que el altruismo es un paso más en la cooperación. Si varias entidades cooperan durante mucho tiempo, es posible que se produzca una configuración muy interdependiente. Como en las células de nuestro cuerpo. Todas se necesitan mutuamente. Si el cuerpo muere, las células mueren. La mejor estrategia como célula de un cuerpo es realizar correctamente su propia función local, no tratar de invadir al resto. En cierto modo, la célula no pierde por ello su individualidad, sino que la enfoca hacia el cuerpo. En cierto sentido se hace más vulnerable, y en otro más poderosa. La célula transmite su capacidad de reproducción al organismo entero, porque le es beneficioso. Como todas las células tienen la misma información genética, todas ellas trabajan por obtener un cuerpo sano, que se pueda reproducir.

En una familia humana, normalmente existe bastante altruismo entre sus componentes. Unos se sacrifican por otros, y en muchos casos no se obtiene nada a cambio, o únicamente la capacidad de perpetuación de los genes. Los miembros de una familia trabajan por la familia. Surge un concepto de nivel superior. Surge porque es estable, porque es mejor.[9]

La imagen del planeta Tierra tomada desde la Luna el 20 de julio de 1969 puso ante nosotros por vez primera la unicidad indisoluble del sistema vivo al que pertenecemos todos los seres humanos, los elementos que conforman nuestro ecosistema, las fuerzas de la naturaleza, etcétera. Desde la perspectiva desde la que fue tomada la foto, no se perciben diferencias de razas ni de géneros ni de etnias ni de especies ni de reinos. Solo un planeta vivo. Tal vez esa imagen marcó el comienzo de una conciencia planetaria que desde entonces no ha hecho más que expandirse a través de las conciencias individuales. Es precisamente esta conciencia global la que está permitiendo que nos demos cuenta de la situación que estamos atravesando, de sus causas, y la que nos está cualificando para encontrar soluciones.

Desde su aparición hace más de 2 500 años, el budismo enseña que la existencia de cualquier ser o fenómeno solo es posible en el seno de una compleja red de interdependencias. Nada es algo por sí mismo. Nadie es nadie por sí mismo, sino solo gracias al complejo entramado de sus relaciones con el entorno.

Una crítica budista del culto al dinero

El dinero es el Dios de la religión del mercado.

En sí mismo, el dinero no tiene nada de divino ni de demoníaco; no es ni bueno ni malo. Es un simple medio de transacción comercial, un símbolo que tiene una utilidad práctica y que aporta una ventaja obvia frente al trueque de productos y mercancías. Es, pues, un medio.

El dinero como medio no presenta ningún problema. El problema es que la religión del mercado lo ha convertido en un fin en sí mismo, en un símbolo de inmortalidad y, como veremos, de realidad. ¿Cómo ha sido esto posible? ¿Qué función desempeña realmente el dinero en la religión del mercado? ¿Por qué millones de seres humanos lo han convertido en el objeto principal de un nuevo culto secular?

Para responder a estas preguntas voy a recurrir a las aportaciones esenciales del psicoanálisis clásico, del psicoanálisis existencial y de la psicología budista, siguiendo en parte la línea argumental de David Loy.[10]

Para el budismo, la condición humana viene caracterizada desde el mismo nacimiento por la experiencia de *duhkha,* tal y como ha sido expuesto en el primer capítulo de esta obra. *Duhkha* es traducido habitualmente como 'dolor y sufrimiento', pero es preciso entenderlo más bien como «malestar existencial». Este malestar existencial no es muy distinto de la angustia que, según el existencialismo, acompaña a la condición humana, o a la ansiedad propia de las neurosis, como indica el psicoanálisis.

¿Por qué la existencia humana es tan dolorosa? ¿Qué es lo que genera la angustia, la ansiedad, el malestar existencial? Según el budismo, la respuesta se encuentra en la dinámica del proceso mediante el cual la nada se convierte en algo, la no-existencia en existencia, el no-ser en ser; es decir, el proceso mediante el cual, desde la más absoluta nada, llegamos a ser algo o alguien, o mejor dicho, el proceso mediante el cual, desde la más profunda inconsciencia, llegamos a construir una conciencia de lo *que* somos o de *quien* somos.

Según el *Tao Te Ching:*

> Los diez mil seres nacen del ser
> y el ser nace del no-ser.

Cada uno de nosotros, al ser concebido y al nacer, hemos pasado del estado de no-ser al estado de ser, del estado de ser «nada» al estado de ser «algo» o «alguien», es decir, de la inconsciencia absoluta a la conciencia de ser «yo».

Para el budismo, el yo-autoimagen, el yo como entidad con existencia propia diferenciada de la totalidad, carece de realidad. A esta doctrina se la llama *anatman,* ausencia de yo. Desde este punto de vista, para el budismo la represión fundamental no es el sexo (como pensó Freud) ni la muerte (como piensan los psicoanalistas existenciales), sino la intuición de que el yo-autoimagen no existe, de que la autoconciencia es una construcción mental. Para el psicoanálisis, todo lo reprimido vuelve a la conciencia de manera distorsionada, asumiendo formas simbólicas. Para el budismo, la compulsión por el poder, la fama y el dinero constituye la forma simbólica a través de la cual los seres humanos tratamos de conferir realidad al yo-autoimagen.

El yo-autoimagen no surge de pronto, sino que se va desplegando progresivamente hasta estabilizarse en su estructura psicológica básica tras la resolución del complejo de Edipo, que, según el psicoanálisis clásico, se produce alrededor de los tres años.

Más allá de la ingenua idealización que los seres humanos solemos proyectar sobre el inicio de la vida y de la primera infancia, este es un tiempo en el que las experiencias de angustia, ansiedad y malestar aparecen continuamente en el recién nacido. De hecho, la construcción preconsciente de un yo-autoimagen, o identidad simbólica, es el principal mecanismo de defensa al que recurre la psique humana para escapar del displacer experimentado en esta etapa de la existencia.

Pero volvamos a la pregunta ya expresada: ¿qué es lo que genera la angustia, la ansiedad y el malestar de los seres humanos en esta etapa tan temprana?

Para el psicoanálisis clásico, la ansiedad básica surge del displacer, del miedo del bebé de perder a sus padres y, por lo tanto, la fuente de su subsistencia y de su bienestar; también surge de los deseos de odio y muerte hacia sus padres cuando no están ahí para satisfacer sus necesidades físicas y emocionales, y de la culpa inconsciente que acompaña a tales sentimientos.

Para el psicoanálisis existencial, la angustia esencial viene dada por la emergencia misma de la existencia individual, por el miedo a la soledad y la indefensión que acompañan al hecho de ser *algo* en vez de ser *nada*. Para los existencialistas, el sentimiento de culpa surge del hecho de ser uno mismo y refleja el desconcierto del animal humano protoconsciente por haber emergido de la naturaleza indiferenciada. Desde este punto de vista, el mayor pecado es haber nacido, estar naciendo como individuo separado de una realidad previa indiferenciada. Esta es la angustia que acompaña inevitablemente la emergencia de la autoconciencia.

Para el budismo, el malestar existencial es también de natu- raleza óntica. La condición de no-ser —el vacío original del que ha surgido todo ser— es un abismo inconsciente del que el ser recién nacido trata de escapar a toda costa. La sensación incons- ciente de vulnerabilidad y de indefensión ante el vacío primor- dial empuja a la protoconciencia a aferrarse a la existencia. Para el budismo, *eros* (el impulso hacia la vida) y *tanatos* (la concien- cia del vacío) emergen conjuntamente. El miedo a no ser, a que el ser se desintegre retornando al no-ser original, es para el bu- dismo la causa más profunda de la angustia-ansiedad-malestar.

Sea cual sea su nivel causal, para escapar de esta angustia —que es vivida esencialmente como una experiencia corpo- ral-emocional— se produce la elaboración de un yo-autoima- gen, o ego, de naturaleza mental-simbólica. El núcleo de la identidad (o sensación de ser) se desplaza al mundo simbólico, es decir, es construido por la mente en forma de símbolo. La psique elabora una imagen mental de lo que quiere ser (ego) y una imagen mental de lo que debería ser (super ego), y de esta forma la experiencia corporal y emocional de angustia queda reprimida en el fondo del inconsciente (ello).

El concepto de represión es una de las aportaciones más reveladoras del psicoanálisis. Cuando la conciencia experimen- ta algún tipo de angustia-ansiedad-malestar y no quiere afrontar- lo, opta por ignorarlo u olvidarlo. Esta estrategia permite a la conciencia concentrarse sobre otra cosa, pero tiene un precio:

parte de la energía psíquica debe ser utilizada en mantener fuera de la conciencia los contenidos reprimidos, lo cual supone una tensión interna entre la energía reprimida que pulsa siempre por manifestarse y la energía represora que trata de que no se manifieste. Según el psicoanálisis, lo reprimido termina siempre por emerger a la conciencia convertido en un síntoma simbólico (simbólico en cuanto que es una representación distorsionada de lo reprimido).

Desde el punto de vista del budismo, el yo-autoimagen es el síntoma simbólico distorsionado del terror al vacío reprimido. Dicho de otra manera, el yo-autoimagen cumple la función de alejar al ser del abismo del no-ser y de la angustia-ansiedad-malestar asociada. Constituye un dique, una muralla, dentro de la cual el ser se afianza, protege y afirma a sí mismo más allá de los embates de la angustia provocada por el miedo a ser engullido de nuevo por el no-ser.

De esta forma, los individuos construimos nuestro yo-autoimagen, refugiándonos en él como en una torre de marfil mental y simbólica, lo cual nos permite tener un sentido básico de autovalor, de significado, de poder. Nos permite sentir que tenemos el control de la vida y de la muerte, que somos individuos libres, con una identidad propia. En definitiva, olvidamos —reprimiéndolo— el abismo del no-ser del que procedemos al identificarnos con una imagen que fortalece la sensación de ser «algo» o «alguien».

Para el budismo, la causa principal del malestar existencial que nos aqueja es la angustia —reprimida en el inconsciente— que nos produce el saber que, en realidad, no somos nada, ni nadie. En el fondo de nosotros mismos sabemos que ese yo-autoimagen que creemos ser es, de hecho, una impostura, una fabricación. Y esta impostura genera sentimiento de culpa, una culpa asociada al sentimiento de inautenticidad.

Por ello, el lado oscuro —la sombra— del yo-autoimagen es siempre el sentimiento de carencia. La carencia básica es vivida como un «algo va mal en mí». Este «algo va mal en mí» no es otra cosa que un sentimiento de irrealidad, del sentir que uno mismo —el yo-autoimagen— no es real. De ahí que la fuerza del anhelo se dirija a llegar a ser real, a convencerse uno mismo de la realidad del propio yo-autoimagen. Y aquí nos encontramos con la paradoja: uno intenta afirmar el yo-autoimagen con el fin de obtener un sentimiento de ser real, pero cuanto más es afirmado el yo-autoimagen, más nos precipitamos en la sensación de irrealidad y de inautenticidad, puesto que nos estamos alejando de la verdadera realidad de lo que somos... y de lo que no somos.

La angustia, la ansiedad, el malestar no son cosas que le ocurren al yo-autoimagen, sino que son consustanciales a él y le acompañan siempre como la sombra sigue al cuerpo.

Desde el punto de vista del budismo, repito, la represión básica no es la de la conciencia de la muerte, sino la de la conciencia de que ya estamos muertos, es decir, que ese yo-autoimagen con el que nos identificamos no existe, no es real.

El sueño de inmortalidad no consiste simplemente en el anhelo de inmortalidad física (que sabemos que es imposible), sino en el anhelo de permanencia del yo-autoimagen más allá incluso de la muerte física. Aquello de «muero, pero seguiré viviendo en todos vosotros», o lo que es lo mismo, «aunque mi cuerpo físico desaparezca, mi yo-autoimagen seguirá siendo recordado por todos vosotros», lo cual le seguirá confiriendo realidad.

La ansiedad provocada por el displacer y la angustia producida por la muerte son, desde este punto de vista, una ansiedad-angustia sustitutoria que oculta la verdadera causa profunda del malestar existencial: la irrealidad, aquí y ahora, del yo-autoimagen.

Según el budismo, y también según la psicología existencialista, para acabar con la ansiedad de la muerte debemos eliminar la ilusión del yo-autoimagen. Es el yo-autoimagen el que debe morir, es decir, el que ha de reconocer que no es más que una ficción, una construcción ilusoria. Reconocer que, aquí y ahora, no existe en realidad.

El yo-autoimagen no tiene miedo a la muerte, *es* miedo a la muerte, ya que solo puede afirmarse a sí mismo mediante la negación de la muerte y lo que ella representa, la realidad del no-yo, el vacío original.

El yo-autoimagen está atrapado en el dualismo simbólico del que está construido (que, no lo olvidemos, es de naturaleza exclusivamente mental). Para el budismo, la única forma de superar la dualidad vida/muerte o ser/no-ser es la disolución misma de tal dualidad, esto es, la disolución de la identificación con el yo-autoimagen y del rechazo al vacío o no-ser. Esto supone una muerte psicológica o espiritual en vida. El yo-autoimagen puede morir sin que ello suponga una muerte física. Y esta experiencia es precisamente la que sugiere el budismo al proporcionar un método práctico y concreto de realizarla: la práctica de la meditación. En los estados de meditación profunda, el yo-autoimagen desaparece, pero permanece otra cosa que no puede morir porque nunca ha nacido. La doctrina budista del no-yo (*anatman*) no es una negación del ser que somos, sino que constituye la vía del medio entre los extremos del eternalismo (el yo sobrevive a la muerte) y el aniquilacionismo (el yo es destruido por la muerte). El budismo resuelve el problema de la vida-muerte y del ser-no-ser deconstruyéndolos.

¿Qué tiene todo esto que ver con el culto al dinero?

Veámoslo. Para Shakespeare, el dinero «es el Dios visible»; para Lutero es «el Dios de este mundo». Estas palabras adquieren todo su significado en la religión actual del mercado en la que el dinero es el objeto principal de culto. El culto al dinero constituye la religión secular de los tiempos que corren. El culto al dinero se ha convertido en una religión porque la compulsión por el dinero es generada por nuestra necesidad religiosa de redimirnos. El dinero es un símbolo de redención religiosa. ¿Redención de qué? De nuestro sentido íntimo de carencia.

El maestro zen chino Tôzan Ryokai dijo:

> Debido a su complejo de inferioridad (de carencia),
> los seres humanos miran los objetos
> como si fueran tesoros preciosos.[11]

Para el budismo, la compulsión por el dinero es el intento del yo-autoimagen de hacerse real objetivándose, es decir, proyectándose en una realidad simbólica objetiva. Hoy día, el símbolo objetivo de redención más importante es el dinero.

Para Schopenhauer, el dinero es una proyección abstracta del anhelo humano de felicidad. La persona que no es feliz concretamente, con la vida real, pone todo su corazón en el dinero porque, en la medida en la que uno se preocupa por la felicidad simbólica que proporciona el dinero, olvida la angustia-ansiedad-malestar concreta. Pero, claro, nadie puede ser realmente feliz en abstracto. Por ello, el culto al dinero es un culto falso y la religión que lo promueve, una religión demoníaca, en el sentido de que no proporciona la redención que promete.

Analicémoslo más de cerca. El dinero en sí no tiene ningún valor. No se puede comer ni beber, no da calor en invierno ni frescor en verano. Sin embargo, tiene más valor que cualquier otra cosa porque es la forma de definir el valor y, debido a ello, se puede transformar en cualquier cosa. Es un medio de transacción. Esto no es ni bueno ni malo, sino un medio útil. El problema surge cuando se confunden medios y fines. Cuando el dinero se convierte en un fin en sí mismo surge la compulsión por el dinero y todo lo demás se reduce a meros medios para conseguir ese fin. Entonces, todas las cosas reales y realmente valiosas de la vida se convierten en medios para conseguir un fin —el dinero— que en sí mismo no tiene ningún valor. Nuestros deseos se convierten en fetiche de un puro símbolo sin valor real y, a la inversa, son fetichizados por él. De tal forma que perdemos el contacto con los auténticos elementos de nuestra vida y ya no nos alegramos por el trabajo bien hecho, por encontrarnos con los amigos o los seres queridos, por la luz del sol o por la brisa del atardecer, sino por la acumulación de dinero.

¿Qué es lo que nos impide ser felices con las cosas reales de la vida? Para el budismo, la causa es el sentimiento de carencia. En el fondo sabemos que el yo-autoimagen que hemos construido para ocultarla es una ficción, una mentira, un pecado. Este pecado nos hace sentir que hay algo malo en nosotros, algo que no es real. La culpa que se desprende de ello nos impide abrirnos completamente a la vida.

Para otras religiones, el malestar existencial viene dado por el pecado original. Es este pecado original el que hace que sintamos que algo va mal en nosotros y el que nos abruma con el sentimiento de culpa. Pero estas religiones proponen sistemas simbólicos de expiación y redención.

En la época de la religión del mercado, en la que los sistemas de expiación de las religiones tradicionales han dejado de ser la referencia para millones de personas, el pecado original contemporáneo significa que no se tiene suficiente dinero y la redención no es otra que la de obtener más y más dinero hasta que ya tengamos suficiente y dejemos de sentir la carencia; lo cual no sucede nunca.

¿Cómo pudo producirse la transición del sistema de trueque a este sistema en el que el anhelo de felicidad humano ha sido fetichizado en piezas de metal, en papel moneda o en tarjeta de crédito?

Si nos remontamos a sus inicios, descubrimos que el dinero tuvo un origen sagrado (y sigue teniéndolo): «Los primeros mercados fueron mercados sagrados, los primeros bancos fueron templos, los primeros en acuñar dinero fueron sacerdotes o reyes-sacerdotes».[12]

Las primeras monedas fueron acuñadas con imágenes inscritas de los dioses. Las monedas encarnaban su poder protector. Las demandaban no tanto porque con ellas se pudieran comprar cosas, sino porque eran muy populares; y al ser populares se podían intercambiar por cualquier cosa.

A partir de ahí, «los poderes cósmicos podían ser la propiedad de todo el mundo, sin siquiera la necesidad de visitar templos: ahora se podía traficar con la inmortalidad en el mercado».[13]

De forma que esto dio lugar a un nuevo tipo de persona «que basaba el valor de su vida —y, por lo tanto, de su inmortalidad— en una nueva cosmología centrada en el dinero».[14]

Para el budismo, más allá de su utilidad como medio de intercambio, el dinero se ha convertido en la forma más popular de «ser alguien» en la humanidad, de afrontar la intuición inconsciente de que en realidad no somos nadie. Primero fuimos a los templos y a las iglesias para que Dios nos confirmara que éramos «alguien». Ahora buscamos la confirmación acumulando dinero. Hemos atribuido al dinero el poder de conferirnos realidad. Hemos fetichizado nuestro anhelo de felicidad convirtiéndolo en un símbolo abstracto y, puesto que todo lo que va vuelve, cuanto más valoramos el dinero, más lo usamos para valorarnos. Hemos caído en nuestra propia trampa simbólica.

La sociedad del mercado es tachada a veces de materialista. El problema hoy día es que ya ni siquiera somos materialistas. Si fuéramos materialistas apreciaríamos las cosas del mundo material. Apreciaríamos, por ejemplo, la calidad del aire que respiramos y de las aguas que bebemos y en las que nos bañamos; apreciaríamos la cualidad nutritiva y el sabor de los alimentos, la belleza de nuestros paisajes, la armonía del canto de los pájaros, el silencio y el color de nuestras montañas, etcétera. Ya no creemos en las cosas reales y concretas, sino en símbolos abstractos. Las cosas y los objetos que adquirimos no nos atraen por lo que son, sino por la plusvalía simbólica que creemos que nos aportan. No consumimos objetos, sino marcas. Pretendemos ser reales o «llegar a ser alguien» consumiendo marcas que dicen aportarnos distinción, seguridad en nosotros mismos, poder de seducción, prestigio. Nuestra compulsión de convencernos a nosotros mismos y de convencer a los demás de que somos reales nos aleja de la vida real.

Tratamos de ahogar nuestra carencia narcotizándonos con el consumo sin darnos cuenta de que siempre tenemos la sensación de no consumir lo suficiente. La psicosis colectiva nos arrastra hacia un crecimiento económico continuo. Los índices de bienestar siguen siendo medidos casi exclusivamente por el PIB. El dinero y el crecimiento económico se han convertido en nuestros principales mitos religiosos. Mitos defectuosos porque, así como los antiguos ritos religiosos proporcionaban una cierta expiación, ni el dinero ni el crecimiento económico nos redimen de nuestro sentimiento de carencia.

Trabajamos y consumimos, trabajamos y consumimos en un círculo vicioso sin fin. Como dijo Aristóteles, «sin un objetivo concreto, la avaricia no tiene límite».

Creemos que el dinero nos hará ser alguien real, pero, como ello es imposible, cuanto más dinero acumulamos, mayor es nuestro sentido de carencia. Sin embargo, tememos pararnos y darnos cuenta de ello. Nuestra única respuesta es huir hacia delante persiguiendo ese futuro de promisión en el que consumiendo más lograremos disolver la carencia que nos corroe. Para Loy: «Esto señala el defecto fundamental de cualquier sistema económico que requiere un crecimiento constante para sobrevivir: no está basado en necesidades, sino en el miedo, ya que se alimenta de y alimenta nuestro sentido de carencia».[15]

¿Cómo salir de este engranaje infernal? La mera transformación de las estructuras económicas y políticas externas, sin la imprescindible transformación de los individuos, solo conduce a cambios de decorados. Las revoluciones sociales que han priorizado la transformación de los marcos políticos y económicos exclusivamente han terminado en fracaso. El budismo enseña que la transformación debe operarse originalmente en el interior de las conciencias. La resolución de nuestro sentido interno de carencia, de la angustia-ansiedad-malestar, no es algo que pueda hacerse por decreto, sino que requiere un proceso responsable y comprometido de introspección, de honestidad. Individualmente tenemos que enfrentarnos a nuestra principal represión, a nuestro mayor miedo: el miedo a la muerte o el miedo a no ser. La experiencia budista zen por excelencia es la del vacío. La meditación zen enseña a dejarnos caer en el vacío, a morir psicológica y espiritualmente a la ilusión de ser un yo-autoimagen distinto y separado de la totalidad.

Como afirma un dicho zen: «Si mueres una vez, ya no tendrás que morir de nuevo».

O este otro: «Cuando llegues al borde del abismo, da un paso adelante».

Nuestra civilización ha llegado al borde de un abismo psicológico y al borde de un abismo real. Si seguimos las tendencias actuales, nos precipitaremos sin duda en el abismo de la autoaniquilación como civilización e incluso como especie. Si damos un paso al frente y nos dejamos caer en el abismo psicológico del vacío interno, un universo inimaginable aparecerá ante nosotros.

Celaya pone palabras a este salto evolutivo:

Cuando ya nada se espera personalmente exaltante, más se palpita y se sigue más acá de la conciencia, fieramente existiendo, ciegamente afirmando, como un pulso que golpea las tinieblas, que golpea las tinieblas.[16]

Somos gotas de rocío condensadas en la superficie de este planeta, parcelas de la energía universal que adopta eventualmente formas concretas, pero que permanecen fundidas con la totalidad de la que han surgido. Y tarde o temprano, estas formas individuales se disolverán de nuevo en el océano del que han surgido, como olas que vuelven al océano que nunca han abandonado.

Cuando aceptamos que no somos nada, nos damos cuenta de que somos todo. Entonces ya no necesitamos usar el dinero como un símbolo que afirma nuestra realidad, sino como lo que es: un medio de intercambio. Es solo entonces cuando el dinero se vuelve fuente de libertad y de poder. El mal no está en el dinero, sino en la obsesión por el dinero. Sabiendo que el dinero no aumenta ni disminuye la naturaleza de lo que somos en realidad, que esencialmente no nos hace ganar ni perder nada, podemos usarlo libremente para nuestro propio bien y para el bien de todos los seres vivientes. En palabras de Loy: «Puesto que no están apegados a él, los *bodhisattvas*[17] no temen al dinero. Por eso saben qué hacer con él».[18]

El gran negocio

En definitiva, ¿cuál es el negocio que nos traemos entre manos los seres humanos? ¿Cuál es el gran negocio que no debemos perder de ninguna manera?

Nuestro único negocio es ser felices. Desde este punto de vista, lo que la economía de mercado propone no es un buen negocio. No es un buen negocio para las tres cuartas partes de la humanidad, no es un buen negocio para los que siguen viviendo por debajo del umbral de la pobreza, no es un buen negocio para los trabajadores esclavizados en los engranajes de la producción insensata, no es un buen negocio para los soldados que mueren en las guerras de rapiña, no es un buen negocio para millones de niños que siguen siendo explotados en aras de la codicia, no es un buen negocio para los jóvenes que no encuentran ni primer empleo ni primera vivienda en los países ricos, no es un buen negocio para las especies animales y vegetales que se han extinguido o están en vías de extinción debido al saqueo de los ecosistemas, no es un buen negocio para las generaciones futuras que heredarán el resultado de nuestra insensatez, no es un buen negocio para muchas culturas humanas preindustriales que se ven condenadas a la desaparición por el empuje desaprensivo de la cultura consumista, no es un buen negocio para las mujeres de los países pobres cuyos padres, maridos, hermanos e hijos se ven obligados a abandonar sus hogares destruyendo así millones de núcleos familiares, no es un buen negocio para las mujeres de los países ricos que se ven sometidas a las presiones que impone el sistema productivista-consumista al mismo tiempo que se les exige seguir siendo la pieza clave del núcleo familiar, no es un buen negocio para la atmósfera, para el aire que necesitamos respirar, no es un buen negocio para los ríos contaminados, no es un buen negocio para los mares en los que los peces son esquilmados, no es un buen negocio para la fecundidad humana en los países ricos, no es un buen negocio para la explosión demográfica en los países pobres, no es un buen negocio ni siquiera para aquellos que aparentemente se benefician en primera instancia de las desigualdades, de las injusticias y de la destrucción, obteniendo... ¿Qué obtienen? ¿Dinero? ¿Poder? ¿Lujo? ¿Mujeres de catálogo? ¿Un salvoconducto para la vida eterna, acaso?

Los que se encuentran a la cabeza de las grandes corporaciones multinacionales y las instituciones mundiales que dirigen, diseñan y establecen las estrategias de expansión de la religión del mercado son también seres humanos. Seres humanos que también aspiran a la felicidad. ¿Pueden sentirse felices frente a la responsabilidad y las consecuencias del mundo que han creado? ¿Puede ser feliz una isla rodeada por un océano de aflicción?

Necesitamos transformar la economía del mercado en una economía de la felicidad global. Por supuesto que el bienestar material —la forma más básica de felicidad— ocupa un lugar importante en la felicidad global, pero reducir el estado de felicidad global al mero bienestar material es la falacia y el error cognitivo más flagrante de nuestra época. Un error que es la causa de un gran sufrimiento.

8. El zen en la plaza del mercado

El budismo zen no es una teoría económica ni política, en el sentido tradicional de ambos términos. Es sobre todo un camino de despertar la conciencia y de transformación individual, una forma de vida que busca la armonía consigo misma y con las relaciones que sustentan nuestra existencia individual, tanto entre los seres humanos como con todos los elementos que conforman la vida. Pero dado que la sociedad está formada por individuos, la transformación de millones de individuos se convierte inevitablemente en transformación social.

El budismo zen es una economía existencial que apunta a un estado de felicidad global. Una economía de la felicidad global como la que propone el budismo zen no es solo posible, sino urgentemente necesaria.

¿En qué medida y cómo podría la enseñanza del Buda inspirarnos para comprender el laberinto actual y para encontrar una salida?

La enseñanza del Buda como inspiración

Retomemos la enseñanza del Buda contenida en las Cuatro Nobles Verdades.

La verdad de la angustia-ansiedad-aflicción (*duhkha*)

En primer lugar necesitamos tomar conciencia de la realidad de nuestra propia angustia-ansiedad-malestar. Necesitamos darnos cuenta del estado de aflicción existencial que padecemos a nivel individual y que viene dado principalmente por el sentimiento de carencia, esa especie de abismo interior que despierta el terror irracional a disolvernos en el vacío.

Aunque, como seres humanos tenemos que trabajar para satisfacer nuestras necesidades materiales, es urgente que tomemos conciencia del hecho de que la mera satisfacción de las necesidades materiales no nos protege contra el sentimiento de carencia. Y que este sentimiento no puede ser resuelto por el consumo compulsivo de bienes y servicios.

Si no diagnosticamos de forma adecuada nuestro malestar, no podremos encontrar ni seguir un tratamiento idóneo. El tratamiento —la forma de vida— que nos proponen las sociedades basadas en la economía de mercado es erróneo, y, por ello, la religión del mercado es una religión demoníaca, en el sentido de que no proporciona la felicidad —o la «salvación»— que promete.

Y aun en el caso de que los habitantes de los países ricos pudiéramos hallar un verdadero estado de felicidad siguiendo las directrices del mercado, tenemos que reconocer que esa supuesta felicidad tiene un precio excesivamente alto e injusto: el dolor y el sufrimiento de las tres cuartas partes de la humanidad y la destrucción de la naturaleza.

Más allá de la angustia que padecen los habitantes de los países ricos, a pesar de su riqueza, está el crudo dolor y sufrimiento de los que mueren por no tener acceso al agua potable, o de hambre, o de enfermedades infecciosas que son fácilmente curables en los países ricos, o de los que sobreviven con menos de un euro, de los millones que siguen viviendo por debajo del umbral de pobreza.

La angustia, el dolor y el sufrimiento existen en este mundo, en este siglo XXI. Este no es el mundo feliz que nos pintan los anuncios publicitarios. Este no es el bienestar universal.

¿Cuáles son las causas de esta situación?

Como expuse en el primer capítulo, muchas formas de sufrimiento son inherentes a la existencia humana y se han dado en el pasado, se dan en el presente y se darán en el futuro, sean cuales sean las condiciones sociales, económicas y medioambientales. Son inevitables. Ante estas experiencias de dolor inevitable, la única salida es la aceptación de que el dolor forma parte integrante de nuestra existencia, de la misma manera que el placer. Pero otras formas de sufrimiento son generadas por la estupidez o la ignorancia humanas, es decir, son evitables. Como reza una de las frases de Alcohólicos Anónimos, necesitamos «serenidad para aceptar las situaciones que no se pueden cambiar, fortaleza para transformar aquellas que se pueden transformar y discernimiento para distinguir unas de otras».

La verdad de la causa de la aflicción

Gran parte de nuestra angustia-ansiedad-malestar viene dada por nuestra falta de discernimiento, es decir, por el estado de ignorancia, de pereza, en el que se halla nuestra mente.

Debido a la falta de discernimiento confundimos el malestar inevitable con el evitable. Todos los esfuerzos que hacemos para evitar lo inevitable son inútiles, contraproducentes y, finalmente, causan mayor dolor. Por ejemplo, la realidad de la muerte. ¿La muerte es evitable o inevitable? ¡Es inevitable! Sin embargo, ¡cuántos esfuerzos hacemos para negarla! ¡Con qué ansias nos construimos y nos aferramos a símbolos de inmortalidad que nos proporcionan una falsa ilusión de perpetuidad! La acumulación de bienes materiales, la producción-consumo irracional, el crecimiento económico ilimitado, el PIB y el IPC se han convertido en los nuevos mitos, en los nuevos símbolos de inmortalidad. Y tratando de evitar lo inevitable estamos alimentando una forma de vida que solo conduce a una angustia mayor, a un sufrimiento generalizado.

Por el contrario, nos invade la pereza y nos falta el discernimiento para darnos cuenta de que muchos males de nuestra época son evitables, pues surgen solo de la ignorancia humana. La economía de mercado, por ejemplo, no es el orden natural del mundo, sino una ideología transformada en sistema político y económico. Puesto que esta ideología y este sistema han surgido de la mente humana, la mente humana tiene el poder de cambiarlos, de transformarlos, de abandonarlos.

Si la ignorancia humana se manifiesta en forma de pensamiento dualista, podemos identificar esta forma de pensamiento, darnos cuenta de sus límites y superarla. La primera dualidad que hay que superar es una de las más profundas: el «yo» opuesto al «otro» o a lo «otro». Si bien la consolidación de un cierto sentido de identidad es psicológicamente necesaria en la primera infancia, debemos favorecer la evolución psicológica que nos permita trascender esta dualidad cartesiana. El sistema lógico propio del zen se articula alrededor de los conceptos de identidad/diferencia hasta trascenderlos integrándolos en una realidad más amplia y compleja. El maestro zen Tôzan Ryokai fue el primero que articuló este sistema lógico en la China del siglo IX. Se basa en cinco postulados:

1. A es A, yo soy yo (principio de identidad diferenciada).

2. B es B, tú eres tú (principio de diferencia identitaria).

3. A es B, yo soy tú (principio de igualdad recíproca).

4. B es A, tú eres yo (principio de igualdad recíproca inversa).

5. Los cuatro principios anteriores son ciertos y reales al mismo tiempo (yo soy yo, tú eres tú, yo soy tú y tú eres yo al mismo tiempo).

En pocas palabras, la realidad es diversa en su unidad. La unidad esencial adopta formas diversas que son básicamente idénticas. Esto es, yo no puedo ser una isla feliz en medio de un mar de tristeza y aflicción. Mi bien es el bien de los demás. El bien de los demás es mi bien. Trabajar por la felicidad quiere decir trabajar por mi felicidad y por la de todos los seres vivientes; de lo contrario, yo mismo no podré alcanzar ese estado de felicidad.

Si la ignorancia humana se manifiesta en forma de negación de la transitoriedad de los seres y de las cosas del mundo, tenemos la obligación moral de darnos cuenta de ello y de adaptar nuestra percepción y nuestra forma de vida a la realidad de la transitoriedad. Esto es: nada es para siempre. Nuestra propia existencia individual es una gota de agua, una ola en la superficie del océano de la vida cósmica. Todos nuestros estados emocionales son transitorios. Ni el bien ni el mal duran eternamente. El placer permanece el tiempo de un suspiro; también el dolor. Somos viajeros en tránsito. No hemos venido a este planeta para quedarnos. ¿Cuánto puede durar nuestra vida? ¿Setenta, ochenta, cien años? ¿Qué sentido tiene, pues, aferrarse al yo, a los demás, a los objetos, a las sensaciones, al placer, al dolor, a la riqueza, a la fama, al poder? ¿Qué poder tiene el cadáver del que fue el hombre más poderoso del mundo? Esta es la razón por la que vivir no es tener, sino ser. Y ser es ser siendo, ser fluyendo, ser en continua transformación, ser sin forma fija. El estado de ser es un río de agua que fluye sin detenerse hasta desembocar en el océano de la nada. La muerte es el fin del yo-autoimagen, de la individualidad orgánica y de

todas las fantasías ilusorias de inmortalidad que hemos creado
durante el tiempo de vida. Para despertarnos a la verdadera vida
que somos, los seres humanos necesitamos «mirar de frente los
vertiginosos ojos claros de la muerte» y aceptar la transitoriedad de nuestra existencia. Desde esta perspectiva, la visión y la
experiencia de la vida se transforman: ya no necesitamos afir-
marnos compulsivamente frente a nosotros mismos ni frente al
mundo. Cuando nos damos cuenta de que la lucha a muerte con
la muerte en la que hemos convertido nuestra vida la tenemos
perdida de antemano, dejamos de luchar y nos dedicamos sencillamente a vivir mientras estemos vivos.

Si la ignorancia se manifiesta como negación de la ausencia del yo-autoimagen, debemos también identificar esta ne-
gación-represión sobre la que hemos estructurado nuestro sentido de identidad. Como afirma Celaya:

> ¿Hay que denunciarlo? El yo no existe. El yo es un encantamien-
> to: un aparato fácilmente manejable al que todos nuestros muer-
> tos recurren para ser de algún modo; un sistema tan milagrosa
> y provisionalmente oscilante que un cambio atmosférico, una pa-
> labra que nos dicen en voz baja, una emoción o una droga —qui-
> zá una película de actualidad, seguramente mala, pero siempre
> impresionante— alteran hasta extremos imprevisibles.[1]

El yo-autoimagen es una construcción mental-emocional que
carece de existencia real. Es un «encantamiento», una hipnosis
individual y colectiva, la gran mentira que tratamos de ocultar-

nos y de ocultar a los demás. Levantamos imperios para encubrir la irrealidad del yo, pero el vacío interior está ahí siempre amenazando nuestros baluartes. Creamos dioses a nuestra imagen y semejanza como símbolos de la realidad absoluta y eterna del yo, pero el vacío sustancial persiste derrumbando tarde o temprano todas nuestras construcciones mentales. Dementes, consumimos nuestra existencia asesinando, robando, mintiendo, atesorando objetos, fama, riqueza, poder..., todo por el afán de llegar a ser «alguien», de convencernos a nosotros mismos y de presentarnos ante los demás como uno que ha llegado a ser «alguien». Pero, finalmente, todos nuestros afanes se convierten en nada y, cuando el corazón deja de latir, regresamos al no-ser que siempre hemos sido. El yo no es, no existe, no es real. Pero este no-ser que somos es la vida «fieramente existiendo, ciegamente palpitando».

La verdad del estado libre de aflicción

La existencia humana no es un valle de lágrimas. Somos los seres humanos los que, en nuestra ignorancia, la convertimos en un infierno. Si el sufrimiento evitable es creado por nuestra mente, nuestra mente tiene el poder necesario para evitarlo. Si es nuestra mente la que, en su ignorancia, ha construido un yo-autoimagen ilusorio, también tiene la capacidad de tomar conciencia de esto y disolver la fabricación.

Desde el punto de vista del budismo, todos los seres poseemos las cualidades del Buda, es decir, una tendencia innata a la bondad anterior a todo condicionamiento, un instinto-inteligencia hacia la felicidad global, la cualidad luminosa de la conciencia que nos permite darnos cuenta de nuestros errores y encontrar un camino adecuado. La naturaleza humana no es malvada, así como la ignorancia que oscurece la luz original tampoco lo es. Como Sócrates, el Buda enseñó que no hay seres malvados, sino ignorantes. La cualidad de dicha y gozo (*sukha*) forma parte de nuestra naturaleza y se manifiesta cuando disolvemos los velos de la ilusión.

El camino hacia el gozo sin apegos enseñado por el budismo zen comienza con el reconocimiento de la aflicción, sigue con el descubrimiento de sus causas y continúa con la confianza en que el restablecimiento del equilibrio es posible.

La verdad del camino que conduce desde la aflicción hasta su liberación

Como afirmé en la primera parte, el tratamiento propuesto por el Buda no va dirigido tan solo a la disolución de los síntomas, sino a la disolución de las causas profundas, a saber, el error de percepción (ignorancia) que impide a los seres humanos adaptarse perfectamente a la realidad y vivir en ella en un equilibrio dinámico. Este tratamiento abarca los tres aspectos fundamentales de la actividad humana: mente, palabra y cuerpo. Tradicionalmente, el tratamiento o camino budista reviste ocho campos de acción:

Visión correcta. En primer lugar, la mente humana debe corregir los errores de percepción a fin de que la representación mental subjetiva coincida perfectamente con la realidad objetiva. Esta corrección se da mediante una reflexión adecuada sobre el verdadero carácter de la realidad y pone en funcionamiento la capacidad autorreflexiva y autocorrectora de la conciencia. Por ejemplo, frente a la ilusión de la inmortalidad y de la permanencia individual, el yo-autoimagen debe aceptar su propia irrealidad, su mortalidad y la impermanencia de todos los fenómenos. Otro ejemplo: frente al apego terco al yo y a lo mío, la mente debe ver y aceptar la interrelación y la interdependencia básica que une a todos los seres vivientes.

Intención correcta. ¿Cuál es el propósito de nuestra existencia? Aunque no podamos dar una respuesta exacta y convincente para todos, al menos podemos darnos cuenta de que la acumulación de riquezas, la producción y el consumo de bienes y servicios no constituyen en sí un propósito de vida. Los bienes y riquezas son solo medios, pero ¿para qué fin? La pérdida del sentido del propósito último hace que los medios se conviertan en fines. La intención correcta se refiere a la dirección hacia la que apuntan todos nuestros esfuerzos. Aunque no queramos articularla en una formulación religiosa o trascendente, al menos podemos estar de acuerdo en que la felicidad global, tanto individual como colectiva, constituye un propósito suficientemente importante para movilizar todos nuestros recursos humanos. La intención correcta habla del sentido de nuestros actos en pos de una felicidad global.

Palabra correcta. La palabra es la expresión verbal de la intención. La palabra correcta hace referencia a la veracidad de nuestra expresión. Por desgracia, como decía el mimo y coreógrafo francés Marcel Marceau: «Las palabras expresan la mentira mejor que nada». En el zen también se dice: «Si no quieres mentir, mejor no hables». El dicho popular «miente más que habla» expresa algo parecido.

Las palabras cargadas con los venenos de la ira, la malevolencia, el odio o la seducción engañosa generan confusión y dolor. Aunque nuestra intención sea correcta a la hora de hablar o de escribir, corremos el riesgo de que nuestras palabras creen más confusión que comunicación.

Además, olvidamos con facilidad que las palabras son solo símbolos y no una realidad en sí. Muchas guerras y conflictos han sido desencadenados por interpretaciones distintas de las mismas palabras. Olvidamos que nuestro lenguaje, sea cual sea, no es la realidad, sino un dedo que señala la luna. La realidad es una aunque existan muchas palabras para designarla. Unos pronuncian Dios, otros Jehová o Yahvé, otros Alá, otros Wanka Tanka o Gran Espíritu, otros Vacío, pero sean cuales sean las palabras, la realidad es lo que es.

Conducta correcta. La conducta hace referencia al comportamiento del cuerpo, a cómo nos relacionamos con los demás seres. Existe una conducta que «conduce» a un estado de dicha y gozo profundos y otra que «conduce» al dolor, la aflicción y el sufrimiento. No todo vale. La ley de la causa y el efecto existe y actúa en el mundo de la misma forma que la ley de la gravedad. Todo efecto tiene su causa o sus causas. Toda causa se transforma en efecto. Si escupimos contra el viento, el viento nos devolverá lo que hemos escupido. La conducta correcta que enseñó el Buda va más allá de la moral convencional. No se basa en ideas absolutas o absolutistas acerca del bien y el mal, sino en una economía existencial basada en la felicidad. Sabemos que si soltamos una manzana en el aire, esta caerá inmediatamente al suelo debido a la ley de la gravedad universal. Esta ley no es buena ni mala; es una condición inherente al universo en el que vivimos. De la misma forma, las conductas impulsadas por la ignorancia, el odio o la codicia conducen inevitablemente a la experiencia existencial de estados desafortunados caracterizados por la aflicción y el sufrimiento, y, de igual manera, las conductas inspiradas por la sabiduría, la inteligencia, la bondad y la compasión se transforman en estados afortunados caracterizados por la paz interior, la dicha y el autocontentamiento.

Medio de vida correcto. El modo de vida —cómo procuramos nuestro sustento— manifiesta nuestra relación tanto con el ecosistema como con el sistema sociocultural en los que vivimos. A su vez, esta relación es la manifestación de nuestra visión de la realidad. El hecho actual es que, debido a un error de percepción, la cultura humana se ha separado y está en lucha con el ecosistema original del que ha surgido y que la sustenta.

Por ejemplo, las grandes ciudades se han convertido en cánceres de los ecosistemas. Absorben a gran escala materias primas del entorno y devuelven toneladas de basuras.

Al mismo tiempo que tres cuartas partes de la humanidad pasan hambre o se encuentran subalimentadas, la obesidad se extiende como una pandemia por los países ricos sobrealimentados, de igual modo que cada día se arrojan a los basureros del primer mundo ingentes cantidades de alimentos.

Las tierras cultivables disminuyen, así como su productividad, debido a la sobreexplotación propiciada por una agricultura intensiva. La calidad de las aguas potables empeora. La misma capa freática ha descendido en algunos puntos de España más de 100 metros en los últimos 20 años, debido a la sobreexplotación de los recursos acuíferos.

Los hogares del primer mundo están pulcros y relucientes, pero las aguas que corren por nuestros ríos están contaminadas a causa de los productos químicos que usamos para «limpiar» nuestras casas.

La lista es larga. Todo ello refleja una forma de vida incorrecta. Incorrecta no solo en un sentido moral, sino sobre todo práctico. Nuestra forma de vida actual es impracticable y nos está conduciendo a un colapso.

El planeta Tierra no puede soportar la carga de 6 000 millones de seres humanos siguiendo el estilo de vida propuesto por la religión del mercado.

Esfuerzo correcto. En todo proceso existencial, la voluntad de trabajar para el propio bien y el bien común, así como la perseverancia en la tarea, son fundamentales para concluir dicho proceso con éxito. El esfuerzo natural forma parte de la existencia. La pereza nos incita a dejarnos llevar por los automatismos, por los hábitos adquiridos, por la ley del mínimo esfuerzo. Nos justificamos diciéndonos que este es el mundo que hemos recibido, que nosotros no somos responsables de la situación actual, etcétera. Olvidamos que todos somos corresponsables y que nuestros actos, por pequeños que sean, tienen un inmenso poder cuando se aúnan con otros pequeños actos.

La facilidad con la que la publicidad nos promete la felicidad es un engaño. Todos sabemos que no hay duros a cuatro pesetas. Nos dejamos hipnotizar porque así no tenemos que afrontar el ejercicio de la responsabilidad, ni el esfuerzo que requiere el uso de la libertad. Dejamos que otros piensen por nosotros, que otros decidan por nosotros, que otros asuman la responsabilidad. «Dame pan y dime tonto».

La vida diaria requiere un esfuerzo natural, no solo para conseguir dignamente el sustento, sino porque cada día tenemos que erguirnos desde la inconsciencia del sueño nocturno para ejercer responsablemente el don de la conciencia. La inteligencia y el discernimiento requieren entrenamiento, la ejercitación de un músculo invisible que es el que hace de nosotros verdaderos seres humanos.

La felicidad no es como el producto que nos entrega la máquina expendedora a cambio de una moneda. La dicha y el gozo internos no pueden ser comprados, sino que florecen como fruto del discernimiento y de la atención.

Atención correcta. Una atención incorrecta o insuficiente es lo que se halla en la base de este error cognitivo que conocemos como ignorancia, causa principal de la angustia-ansiedad-malestar. La ignorancia es lo que nos hace remar hacia el norte cuando lo que queremos es ir hacia el sur. «¿Cómo es que me encuentro en el norte cuando en realidad lo que yo quería es ir hacia el sur?».

La falta de atención, la negligencia, la dejadez, el todo vale conducen a estados desafortunados. La atención es una de nuestras cualidades más preciosas. ¿En qué la estamos usando? ¿Sobre qué la enfocamos? Debemos comprender claramente la ecuación según la cual atención es igual a energía vital. Allí donde ponemos nuestra atención, ponemos nuestra energía vital. Estamos invirtiendo energía vital en aquello sobre lo que enfocamos nuestra atención.

La publicidad y los órganos de propagación que usa la religión del mercado para inocular sus valores en las conciencias compiten entre sí por atrapar nuestra atención. Y sus métodos son de eficacia probada.

Analicemos cualquier informativo de televisión, de radio o cualquier periódico. Las noticias que presentan son captadores de atención. Vemos lo que quieren que veamos. El tiempo dedicado a la fabricación de mitos deportivos suele ser el doble o el triple del dedicado, por ejemplo, a la difusión de los terribles efectos que la producción-consumo está desencadenando en el planeta. Los informativos son auténticos actos de prestidigitación que nos hacen creer que hay algo allí donde no hay nada y que no hay nada allí donde hay algo sobre lo que merece la pena dirigir la atención.

El manejo de la conciencia funciona con y requiere de la manipulación de la atención. Abandonarnos a la pereza mental es nuestro pecado de omisión.

La vía del Buda enseña a cultivar conscientemente la atención porque esta es la antesala de la conciencia y del despertar. El ejercicio consciente de la atención es nuestra responsabilidad individual. Es la atención-observación la que nos hace ver que nuestros actos tienen efectos. Y que estos son benéficos o perjudiciales según sea la naturaleza misma de los actos.

Meditación correcta. Podemos entender la práctica de la meditación como el cultivo de nuestra facultad de conciencia. A veces digo que meditar en zazen consiste en sentarse y en sentirse.

Sentarse quiere decir pararse, aunque sea media hora al día. Generar un espacio de calma interior, de sosiego, de reflexión serena. Sentarse quiere decir apaciguar la compulsión por la actividad, por el éxito, por el logro. Quiere decir dejar de correr detrás de algo, dejar de huir delante de algo. Al sentarnos y al generar este espacio de calma, podemos relativizar nuestras obsesiones y podemos enfrentarnos con serenidad a los temores inconscientes que nos impelen a vivir como si estuviéramos huyendo de algo.

Sentirse equivale a tomar conciencia de sí mismo: sentir íntimamente el cuerpo que somos, la respiración que nos habita, las sensaciones que colorean nuestra experiencia, los sentimientos que conforman nuestros impulsos volitivos. Significa ser consciente de los pensamientos, de los miedos, de los anhelos, de las insatisfacciones y de las frustraciones que constituyen nuestra experiencia diaria. La meditación no es un lujo para sesentayochistas ociosos, para orientalistas extravagantes o para *hippies* trasnochados. Hoy más que nunca, tener un tiempo para meditar en silencio es una necesidad vital, una garantía de cordura individual en medio de un sistema social que confunde el norte con el sur.

Sentarse y sentirse en silencio, hacerse íntimo consigo mismo, o íntima consigo misma, es una buena forma de mantener la sobriedad y de permanecer en contacto con el ser real que somos, en medio de la alienación colectiva propiciada por una religión falsa que nos lo promete todo, pero que nos priva de lo esencial: la conciencia de ser lo que somos.

La necesidad del despertar individual

El valor más precioso que la tradición budista zen aporta no es otro que la práctica de la meditación zen. Para practicar la meditación zen no es necesario convertirse al budismo. El objetivo de la tradición zen no es el proselitismo, ni el llegar a ser un movimiento de masas. La meditación zen es una situación en la que el individuo se encuentra solo consigo mismo, con su cuerpo, con sus emociones, con su propia mente. Solo frente a su conciencia; solo frente a su vida y solo frente a su muerte.

La meditación zen es una excelente medicina para el mal de la alienación. La meditación zen no es más que sentarse y sentirse. ¿Quién soy yo? ¿Qué es esto? ¿Qué es lo que siento, lo que pienso, lo que necesito? ¿Cuáles son mis anhelos y mis deseos? ¿Cuál es la fuerza que me mueve? ¿Qué es lo que quiero conseguir? ¿Cuál es mi dolor y cuál es su causa? ¿Qué es lo que temo? ¿Cuál es el sentido de lo que hago?

Las respuestas se hallan claramente expuestas en el corazón de cada ser humano. La experiencia zen confirma y fortalece la confianza básica en la naturaleza humana, en nuestra propia naturaleza. Somos budas, esto es, seres inteligentes dotados de una conciencia lúcida a través de la cual podemos conocer la verdadera naturaleza de la realidad, de nosotros mismos. Somos bondad innata impulsada por un anhelo de expansión sin límites. Tenemos la capacidad de despertar y usar plenamente nuestras potencialidades.

La práctica de la meditación zen despierta las conciencias y los corazones. Desde una conciencia y un corazón despiertos nos damos cuenta de que la riqueza material solo puede aportar bienestar material y que este no es más que una pequeña parte de la felicidad que presentimos que podemos experimentar y que anhelamos con toda la fuerza de nuestro ser.

Despiertos no nos conformamos ya con gratificaciones sustitutorias; anhelamos el alimento apropiado para satisfacer nuestras necesidades emocionales y todos los demás aspectos de nuestro ser. Necesitamos sentirnos dignos ante nosotros mismos, teniendo la certeza de que estamos haciendo lo que sabemos que debemos hacer.

Despiertos, conscientes y lúcidos sabemos que el bienestar material tiene un precio, no solo en forma de tiempo de trabajo o poder adquisitivo.

Despiertos aprendemos a situar el bienestar material en el contexto global de nuestra existencia y en relación con nuestras otras necesidades no materiales pero igualmente importantes e imprescindibles.

Despiertos nos damos cuenta de que no vivimos solos. Vemos claramente que el vuelo de una mariposa en China se encuentra en la base de un huracán en el golfo de México. Nos damos cuenta de que el yo, o individualidad, no es más que un punto de intersección de líneas de fuerzas procedentes de las diez direcciones del espacio y de los tres tiempos,[2] un cruce de relaciones que incluyen a todos los seres humanos y no humanos que han vivido y han muerto, a todos los que continúan existiendo y que morirán, a todos los que aún no han nacido, a todas las especies animales, vegetales y minerales.

Despiertos nos damos cuenta de que la Vida es Una, que la Realidad es Una y que esta Unidad esencial se manifiesta en una explosión de diversidad.

Nos damos cuenta de que lo que hacemos a los demás nos lo estamos haciendo a nosotros mismos, y de que lo que nos estamos haciendo a nosotros mismos se lo estamos haciendo a los demás.

Despiertos aprendemos a usar la fuerza del deseo para generar mayor bienestar, mayor felicidad, mayor satisfacción, no solo material, sino también sensorial, emocional, intelectual y espiritual, tanto individual como colectiva.

Despiertos se vuelve evidente que no es más feliz quien más tiene, sino quien menos necesita. Aprendemos el valor de la renuncia, el reconocimiento de los límites de nuestro deseo. La renuncia no es solo un comportamiento moral, también es un destello de la inteligencia y de la conciencia; es una comprensión, un despertar. No se trata solo de renunciar al objeto del deseo, sino, más importante aún, de renunciar a los deseos insanos que no conducen a un verdadero estado de felicidad. Renunciar no significa abandonar lo que ya poseemos, sino darnos cuenta de que no poseemos nada. Ni poseemos ni podemos poseer nada. Solo somos usufructuarios eventuales. Renunciar significa darse cuenta de que somos viajeros en tránsito y de que no vamos a quedarnos aquí eternamente. La renuncia es la mejor respuesta cognitiva a la ilusión que alimenta la avaricia y la codicia. Renuncia significa aceptar que las cosas vienen y se van; que nosotros mismos estamos vivos ahora, pero que en algún momento tendremos que irnos. Solo cuando aceptamos esta realidad podemos vivir serenamente sin necesidad de identificarnos con la adquisición y el consumo.

Despiertos caemos en la cuenta de que un estilo de vida sobrio es la mejor expresión de la renuncia.

Despiertos practicamos naturalmente la generosidad, que no es solo una práctica moral, sino la máxima expresión de la sabiduría, de la lucidez y de la compasión natural.

Despiertos o despiertas abrimos por fin las manos.

«Si cierras los puños, obtendrás dos puñados de arena. Si abres las manos, toda la arena del desierto pasará por ellas».

Despiertas o despiertos encontramos la fortaleza interior para mirar de frente el gran tabú que ocultan las sociedades basadas en el bienestar material: nuestro tiempo de vida es breve. Tarde o temprano vamos a morir y, cuando esto suceda, no podremos llevarnos absolutamente nada; lo único que contará entonces será lo que hayamos dejado en esta Tierra.

La necesidad de la acción colectiva

La humanidad avanza hacia el despertar como un río en el que las olas de las existencias individuales aparecen y desaparecen para dar paso a nuevas olas individuales. Nuestra individualidad carece de sentido fuera de la humanidad de la que formamos parte y que hace que seamos lo que somos. Nuestra actual existencia individual tiene como cimientos la infinidad de generaciones que nos han precedido y las incontables que nos sucederán. Nadie es nadie por sí mismo. Como escribió el poeta Gabriel Celaya:

> Vivimos unos por otros, unos con otros, todos para un conjunto que se nos escapa entre los dedos cuando cerramos la mano tratando de apresarlo; nadie para sí mismo, pues que, cuando se mete en su soledad, se siente más que nunca habitado por presencias que son suyas, mas no son él. [...]

[...] Y, sin embargo, aunque uno no es nada, debe responder de todo: del mundo entero y de todos los hombres secreta o patentemente latentes que fueron y han de venir, son ya en nosotros coleando o germinando. Porque todo —lo vivo y lo muerto, lo animado y lo inanimado, lo alto y lo bajo, lo futuro o fuera del tiempo y lo preciosamente efímero expuesto como un escándalo en los escaparates de lo instantáneo— está buscando en cada uno de nosotros su salvación, y está así haciéndonos ser como somos más de lo que sabemos, ser anteriores a nuestra historia y a nuestra conciencia, ser sin consecuencia previsible, lo que cambiando hace como que se repite, pero es una invención permanente, ser por archiviejos o archinuevos más allá de nosotros mismos. Nuestras palabras y nuestros gestos, por minúsculos que parezcan, provocan alteraciones irrevocables en el curso general de lo existente.[3]

Un dicho lakota afirma que antes de tomar una decisión debemos reflexionar si sus consecuencias serán beneficiosas para las siete generaciones que nos han precedido y para las siete siguientes que nos sucederán.

El hecho de que la práctica del zen sea un camino de transformación individual, cuya responsabilidad recae en cada individuo, no quiere decir que los individuos no deban emprender acciones colectivas tendentes a plasmar en la vida cotidiana una nueva percepción de la realidad. Cualquier experiencia religiosa o espiritual individual verdadera tiene necesariamente una repercusión colectiva, por el hecho de que las experiencias espirituales internas se convierten en una nueva forma de vivir la vida cotidiana.

Aunque las instituciones convencionales de los Estados y los gobiernos de casi todo el mundo están traicionando a sus ciudadanos, a la naturaleza y la historia misma de la humanidad con su rendición incondicional a la religión del mercado, son cada vez más los individuos que se asocian en nuevos colectivos y que levantan la voz afirmando que «otro mundo es posible».

La religión del mercado, a través de sus diversos ministerios de narcotización, pretende mantener a la población en una ensoñación ilusoria permanente, en un estado de pasividad en el que sea fácil el ordeñamiento masivo. El *show business,* aparte de ser un negocio, responde a una política de alienación y de narcotización. ¡Hasta a los pollos se les pone música para que produzcan más y no sientan el estrés asociado a sus condiciones de vida! La industria del entretenimiento es la industria de la hipnosis colectiva que trata de impedir cualquier destello de reflexión, de conciencia, de despertar, de contestación y de militancia contraria al sistema del mercado.

Tenemos que salir de esta inercia pasiva.

Tenemos que abrir los ojos y mirar de frente el mundo real, no el que nos presenta la industria del entretenimiento.

Tenemos que desenchufarnos de los tubos que nos mantienen atados a esta *Matrix* y, aunque corramos el riesgo de conocer las cloacas del sistema, tenemos que armarnos de valor y canalizar nuestra iniciativa individual en una iniciativa colectiva.

Como ha dicho Daniel Miller: «Hoy en día, no es la transformación de la conciencia del proletariado lo que va a liberar al mundo, sino la conciencia del consumidor».[4]

Para terminar, de nuevo Gabriel Celaya:

Repitámoslo. Recémoslo: nadie es nadie. Busquemos nuestra salvación en la obra común. Pesemos nuestra responsabilidad. Sintamos cómo al replegarnos sobre nosotros mismos nuestra inanidad nos angustia, y cómo al entregarnos, al ser para los otros, al ser en los otros y al participar al compás en la edificación general del futuro, el corazón se nos ensancha, el pulso nos trabaja, la vida canta y somos por fin, a todo voltaje, hombres enteros y verdaderos. Salvémonos así, aquí, ahora mismo, en la acción que nos conjunta. No seamos poetas que aúllan como perros solitarios en la noche del crimen. Carguemos con el fardo y echémonos animosamente a los caminos matinales que ilumina la esperanza. Cantemos para todos los que, aún humillados, aún martirizados, sienten la elevadora y combativa confianza propia de los plena, hermosa, tremenda y casi ferozmente vivos. No vayamos hacia los demás para hablarles de nuestra peculiaridad. Abandonemos la miserable tentación de hacer perdurable nuestro ser ensimismado. Seamos como esos poetas —los grandes, los únicos, los universales— que en lugar de hablarnos desde fuera, como en un confesionario, hablan en nosotros, hablan por nosotros, hablan como si fuéramos nosotros y provocan esa identificación de nosotros con ellos, o de ellos con nosotros, que certifica su autenticidad. Sintamos como nuestro cuanto hay en nuestro contorno y llevemos a conciencia con la luz de nuestros versos esa palpitación oscura. Demos de comer al hambriento. Demos de beber al sediento. Demos al sofocado palabras de expansión y de promesa. Anunciemos la buena nueva, mas no como quien con un superficial optimismo, halagado quizá por circunstancias personalmente favorables, se evade de la apremiante circunstancia, sino como quien, varón de dolores, haciendo suyo cuanto pesa sobre el ser cualquiera, descubre más allá el gozo que pone en llamas las limitaciones del hombre remetido en sí mismo. Démonos a los demás para ser quienes de verdad somos. Demos, al darnos, la paz y la esperanza. Demos la luz que con el amanecer se desliza como un oro regalado por debajo de las puertas más humildes.[5]

Final

El budismo zen es una tradición de despertar existencial que se remonta al Buda Shakyamuni. Su práctica central es la meditación zazen. Para el zen, la causa principal de la angustia-ansiedad-malestar existencial es la ignorancia, que puede ser considerada como un error cognitivo, una percepción deformada de la realidad o una disociación óntica del ser humano con su verdadera naturaleza y con la naturaleza de la realidad. Para el budismo zen, la gran represión de la mente humana no es el sexo, ni siquiera la muerte, sino la intuición de que nuestro yo-autoimagen es una construcción mental que no tiene realidad en sí.

Gran parte de la historia y de las culturas humanas parecen ser intentos de afirmar este yo-autoimagen y de preservarlo como principio de identidad frente a la acción de la transitoriedad. Las fantasías de inmortalidad, de gloria, de poder y de riqueza son síntomas de la desesperada necesidad del yo-autoimagen de afirmar ante sí mismo y ante el mundo una pretendida realidad, que en el fondo sabe que es inexistente. El yo-autoimagen lucha contra el no-ser del que ha surgido y que constituye el sustrato mismo de su no-existencia. Para el budismo, el apego a este yo-autoimagen y su compulsión de autoperpetuación constituyen la manifestación principal del estado de ignorancia que es la causa principal de la angustia-ansiedad-malestar.

El camino enseñado por el Buda es un proceso de introspección profunda a través del cual la luz de la conciencia ilumina y deconstruye la fabricación mental de un yo-autoimagen. La práctica de la meditación zazen es el método práctico que, adecuadamente ejecutado, conduce a una muerte psicológica y espiritual en la que el ser se reconcilia con el no-ser y la creencia en un yo autoexistente se disuelve en la realización del ser interdependiente, realización en la que todos los seres vivientes forman parte de una única realidad formada por una compleja red de interacciones.

El conflicto entre el yo que se cree autoexistente y la realidad de su inexistencia se manifiesta de forma especialmente dramática en la actual sociedad basada en la economía de mercado. Los ritos de expiación y de afirmación, los símbolos de inmortalidad que en el pasado proporcionaron las distintas creencias religiosas se han vuelto obsoletos y han perdido su poder de servir como referentes, especialmente a los individuos que habitan en los grandes núcleos urbanos del hipertecnologizado Occidente desarrollado. Un nuevo sistema de valores se ha extendido por todo el planeta reemplazando las viejas creencias religiosas. En apariencia, es un sistema ideológico secular, pero en su dinámica interna reviste un carácter religioso indiscutible. La economía se ha convertido en teología. El Dios abstracto de las grandes religiones monoteístas adquiere la nueva forma abstracta del Dios Dinero; abstracta, pero con capacidad para convertirse en bienes materiales, recursos naturales, servicios e información. La producción-consumo es el nuevo rito expiatorio. La nueva salvación viene dada por producir más y consumir más. Parámetros matemáticos como el PIB o el IPC se han convertido en los medidores de la nueva virtud. La fe en el Progreso entendido como crecimiento económico ilimitado ha sustituido a la esperanza de vida eterna en el paraíso prometido por las religiones tradicionales para aquellos que perseveran en la virtud.

Como fondo, la exacerbación de la codicia y de la avaricia es el motor de la religión del mercado. La industria del deseo. La aplicación de la psicología conductista americana al servicio del consumo ha puesto a punto el aparato de propaganda y de creación de condicionamientos más universal y eficaz de la historia de la humanidad. La publicidad, el *marketing* y los medios de comunicación al servicio de los valores del mercado someten sin cesar las conciencias a un bombardeo de estímulos y de respuestas condicionados, según el cual la única redención posible hoy día no es otra que producción-consumo, producción-consumo.

La situación creada por la religión del mercado no sería tan dramática si su sistema de valores no pusiera en peligro la existencia misma de la humanidad y los logros alcanzados por la historia de las civilizaciones humanas. La locura de un sistema de vida basado en la producción-consumo genera grandes injusticias y desigualdades, tanto a escala planetaria como en el seno de las mismas sociedades desarrolladas. Y, sobre todo, la capacidad vital del planeta Tierra es insuficiente para sostener el actual ritmo de depredación. Los conflictos sociales, las tensiones, las guerras por los recursos naturales aumentan progresivamente a medida que los recursos naturales, entre ellos el petróleo y el agua potable, comienzan a escasear. Para muchos científicos, el daño causado al planeta es irreversible y solo una desaceleración progresiva de la producción y el consumo puede impedir una catástrofe de consecuencias inimaginables.

El budismo zen no es un movimiento social ni político, sino una vía de transformación individual. No obstante, solo una transformación en el interior de los individuos puede generar el cambio social, político y económico capaz de detener la carrera hacia el abismo.

La vía del zen aporta una sabiduría milenaria, así como una práctica sencilla: simplemente sentarse y sentirse, sentarse y tomar conciencia, sentarse y recuperar la intimidad y la conciencia de sí mismo. A pesar de su aparente simplicidad, la meditación zen es un excelente antídoto contra la alienación.

El sentido de responsabilidad individual es fundamental en el imprescindible despertar de las conciencias. El imperativo histórico nos impulsa a una revolución copernicana, pacífica y contundente, tanto en el interior de los individuos como en las instituciones colectivas.

El consumo responsable, la producción ética, la sobriedad en el estilo de vida, la generosidad y la solidaridad con los demás seres humanos y todas las formas de vida, la recuperación de los más profundos valores humanos, la reubicación de la actividad económica en el lugar que le corresponde como medio al servicio de la felicidad global, y no como un fin en sí misma, constituyen algunos de los cambios que pueden ayudarnos a recuperar el sentido y el propósito de nuestra efímera existencia sobre esta Tierra.

Como recoge la Carta de la Tierra:

Estamos en un momento crítico de la historia de la Tierra, en el cual la humanidad debe elegir su futuro. A medida que el mundo se vuelve cada vez más interdependiente y frágil, el futuro depara, a la vez, grandes riesgos y grandes promesas. Para seguir adelante, debemos reconocer que en medio de la magnífica diversidad de culturas y formas de vida, somos una sola familia humana y una sola comunidad terrestre con un destino común. Debemos unirnos para crear una sociedad global sostenible fundada en el respeto hacia la naturaleza, los derechos humanos universales, la justicia económica y una cultura de paz. En torno a este fin, es imperativo que nosotros, los pueblos de la Tierra, declaremos nuestra responsabilidad unos hacia otros, hacia la gran comunidad de la vida y hacia las generaciones futuras. [...]

Como nunca antes en la historia, el destino común nos hace un llamado a buscar un nuevo comienzo. Tal renovación es la promesa de estos principios de la Carta de la Tierra. Para cumplir esta promesa, debemos comprometernos a adoptar y promover los valores y objetivos en ella expuestos.

El proceso requerirá un cambio de mentalidad y de corazón; requiere también de un nuevo sentido de interdependencia global y responsabilidad universal. Debemos desarrollar y aplicar imaginativamente la visión de un modo de vida sostenible a nivel local, nacional, regional y global. Nuestra diversidad cultural es una herencia preciosa y las diferentes culturas encontrarán sus propias formas para concretar lo establecido. Debemos profundizar y ampliar el diálogo global que generó la Carta de la Tierra, puesto que tenemos mucho que aprender en la búsqueda colaboradora de la verdad y la sabiduría. [...]

Con el objeto de construir una comunidad global sostenible, las naciones del mundo deben renovar su compromiso con las Naciones Unidas, cumplir con sus obligaciones bajo los acuerdos internacionales existentes y apoyar la implementación de los principios de la Carta de la Tierra, por medio de un instrumento internacional legalmente vinculante sobre medio ambiente y desarrollo.

Que el nuestro sea un tiempo que se recuerde por el despertar de una nueva reverencia ante la vida; por la firme resolución de alcanzar la sostenibilidad; por el aceleramiento en la lucha por la justicia y la paz y por la alegre celebración de la vida.[1]

Apéndices

Apéndice 1
Las necesidades humanas
según A. Maslow

Abraham Maslow, uno de los padres de la psicología humanista y transpersonal, hizo una clasificación clarificadora de las necesidades humanas:

1. *Las necesidades fisiológicas.* Necesidad de oxígeno, agua, proteínas, sal, azúcar, calcio y otros minerales, vitaminas, mantener el equilibrio del pH, temperatura, sueño, descanso, eliminación de residuos, protección del frío y el calor, evitación del dolor y necesidad sexual.

2. *Las necesidades de seguridad y protección.* Necesidad de seguridad, protección, estabilidad y orden, hábitat seguro, etcétera.

3. *Las necesidades de amor y de pertenencia.* Cuando las necesidades fisiológicas y de seguridad están satisfechas, entra en escena este tercer grupo de necesidades. Somos seres sociales y necesitamos sentirnos en relación con el grupo humano. De aquí surge la necesidad de amistad, de pareja, de re-

laciones afectivas, de vida en comunidad en general. En nuestra vida cotidiana, estas necesidades se manifiestan en nuestros deseos de unión (matrimonio), de tener familias, de ser partes de una comunidad, de una iglesia, de una hermandad, de un club social, etcétera.

4. *Las necesidades de autoestima.* Maslow describió dos niveles en la necesidad de estima, uno inferior y otro superior. En la necesidad de estima inferior entran la búsqueda del respeto de los demás, de estatus, fama, gloria, reconocimiento, atención, reputación, apreciación, dignidad e incluso poder o dominio. La necesidad de estima superior comprende las necesidades de respeto por uno mismo, de confianza en sí mismo, de competencia, logros, maestría, independencia y libertad. La falta de estima se manifiesta como complejo de inferioridad, el cual, según el psicólogo Adler, se encuentra en la raíz de muchos de nuestros problemas psicológicos.

Maslow considera todas estas necesidades como esencialmente vitales. Incluso el amor y la estima son necesarios para el mantenimiento de la salud. Afirma que todas estas necesidades están construidas genéticamente en todos nosotros, como los instintos. De hecho, las llama necesidades *instintoides* (casi instintivas).

5. *La necesidad de realización personal.* Según Maslow, cuando estas necesidades instintoides están satisfechas, surge de forma natural la necesidad de realización personal, es decir, la necesidad de desarrollar plenamente el propio potencial como individuo, la necesidad de crecer y madurar como indi-

viduo autoconsciente dando lo mejor de sí, lo mejor de la naturaleza humana.

La necesidad de autorrealización viene dada por las llamadas metanecesidades que nos impulsan a realizar las cualidades más específicas de nuestra naturaleza humana y que nos diferencian de los demás animales.

Estas metanecesidades son: Verdad, Bondad y Belleza; unidad, integridad y trascendencia de los opuestos; vitalidad; singularidad; perfección (excelencia); realización y plenitud; justicia y orden; simplicidad; fortaleza; humor y sentido lúdico de la existencia; autosuficiencia; búsqueda de sentido, de significado.

6. *Necesidad de trascendencia.* Hacia el final de su vida, Maslow incluyó un sexto grupo de necesidades, al que llamó necesidad de trascendencia, o necesidad de experimentar un estado expandido de conciencia más allá de la identificación habitual con el yo. Necesidad de experimentar la unidad fundamental de la Vida Universal, sentirse uno con el Todo. A estas experiencias, Maslow las llamó «cumbres» porque constituyen el destino último de la vida humana y la plena realización de nuestra naturaleza. Maslow estudió a muchos sujetos que habían tenido esta experiencia y llegó a la conclusión de que se trata de la misma experiencia mística que se encuentra en el núcleo de la mayor parte de las tradiciones religiosas y espirituales.

Según Maslow, el estado de felicidad viene dado por la adecuada satisfacción de cada una de estas necesidades.

Apéndice 2
Discurso del jefe indio
Noah Sealth

¿Cómo se puede comprar o vender el firmamento, ni aun el calor de la tierra? Dicha idea nos es desconocida. Si no somos dueños de la frescura del aire ni del fulgor de las aguas, ¿cómo podrán ustedes comprarlos?

Cada parcela de esta tierra es sagrada para mi pueblo. Cada brillante mata de pino, cada grano de arena en las playas, cada gota de rocío en los bosques, cada altozano, y hasta el sonido de cada insecto, es sagrado a la memoria y el pasado de mi pueblo. La savia que circula por las venas de los árboles lleva consigo las memorias de los pieles rojas.

Los muertos del hombre blanco olvidan su país de origen cuando emprenden sus paseos entre las estrellas, en cambio nuestros muertos nunca pueden olvidar esta bondadosa tierra puesto que es la madre de los pieles rojas. Somos parte de la tierra y asimismo ella es parte de nosotros. Las flores perfumadas son nuestras hermanas; el venado, el caballo, la gran águila, estos son nuestros hermanos. Las escarpadas peñas, los húmedos prados, el calor del cuerpo del caballo y el hombre, todos pertenecemos a la misma familia.

Por todo ello, cuando el Gran Jefe de Washington nos envía el mensaje de que quiere comprar nuestras tierras, nos está pidiendo demasiado. También el Gran Jefe nos dice que nos reservará un lugar en el que podemos vivir confortablemente entre nosotros. Él se convertirá en nuestro padre, y nosotros en sus hijos. Por ello consideraremos su oferta de comprar nuestras tierras. Ello no es fácil, ya que esta tierra es sagrada para nosotros.

El agua cristalina que corre por los ríos y arroyuelos no es solamente agua, sino que también representa la sangre de nuestros antepasados. Si les vendemos tierras, deben recordar que es sagrada, y a la vez deben enseñar a sus hijos que es sagrada y que cada reflejo fantasmagórico en las claras aguas de los lagos cuenta los sucesos y memorias de las vidas de nuestras gentes. El murmullo del agua es la voz del padre de mi padre.

Los ríos son nuestros hermanos y sacian nuestra sed; son portadores de nuestras canoas y alimentan a nuestros hijos. Si les vendemos nuestras tierras, ustedes deben recordar y enseñarles a sus hijos que los ríos son nuestros hermanos y también los suyos y, por lo tanto, deben tratarlos con la misma dulzura con que se trata a un hermano.

Sabemos que el hombre blanco no comprende nuestro modo de vida. Él no sabe distinguir entre un pedazo de tierra y otro, ya que es un extraño que llega de noche y toma de la tierra lo que necesita. La tierra no es su hermana, sino su enemiga, y una vez conquistada sigue su camino, dejando atrás la tumba de sus padres sin importarle. Le secuestra la tierra a sus hijos. Tampoco le importa. Tanto la tumba de sus padres como el patrimonio de sus hijos son olvidados. Trata a su madre, la Tierra, y a su hermano, el firmamento, como objetos que se compran, se explotan y se venden como ovejas o cuentas de colores. Su apetito devorará la tierra dejando atrás solo un desierto. No sé, pero nuestro modo de vida es diferente al de ustedes. La sola visión de sus ciudades apena la vista del piel roja. Pero quizá sea porque el piel roja es un salvaje y no comprende nada.

No existe un lugar tranquilo en las ciudades del hombre blanco, ni hay sitio donde escuchar cómo se abren las hojas de los árboles en primavera o cómo aletean los insectos. Pero quizá también esto debe ser porque soy un salvaje que no comprende nada. El ruido parece insultar nuestros oídos. Y, después de todo, ¿para qué sirve la vida si el hombre no puede escuchar el grito solitario del chotacabras ni las discusiones nocturnas de las ranas al borde de un estanque? Soy un piel roja y nada entiendo. Nosotros preferimos el suave susurro del viento sobre la superficie de un estanque, así como el olor de ese mismo viento purificado por la lluvia del mediodía o perfumado con aromas de pinos. El aire tiene un valor inestimable para el piel roja, ya que todos los seres comparten un mismo aliento: la bestia, el árbol, el hombre, todos respiramos el mismo aire. El hombre blanco no parece consciente del aire que respira; como un moribundo que agoniza durante muchos días es insensible al hedor. Pero si les vendemos nuestras tierras, deben recordar que el aire nos es inestimable, que el aire comparte su espíritu con la vida que sostiene. El viento que dio a nuestros abuelos el primer soplo de vida también recibe sus últimos suspiros. Y si les vendemos nuestras tierras, ustedes deben conservarlas como cosa aparte y sagrada, como un lugar donde hasta el hombre blanco pueda saborear el viento perfumado por las flores de las praderas. Por ello consideraremos su oferta de comprar nuestras tierras. Si decidimos aceptarla, yo pondré una condición: el hombre blanco debe tratar a los animales de esta tierra como a sus hermanos.

Soy un salvaje y no comprendo otro modo de vida. He visto a miles de búfalos pudriéndose en las praderas, muertos a tiros por el hombre blanco desde un tren en marcha. Soy un salvaje y no comprendo cómo una máquina humeante puede importar más que el búfalo al que nosotros matamos solo para sobrevivir.

¿Qué sería del hombre sin los animales? Si todos fueran exterminados, el hombre también moriría de una gran soledad espiritual, porque lo que le sucede a los animales también le sucederá al hombre. Todo va enlazado.

Deben enseñarles a sus hijos que el suelo que pisan son las cenizas de nuestros abuelos. Inculquen a sus hijos que la tierra está enriquecida con las vidas de nuestros semejantes, a fin de que sepan respetarla. Enseñen a sus hijos que nosotros hemos enseñado a los nuestros que la tierra es nuestra madre. Todo lo que le ocurra a la tierra les ocurrirá a los hijos de la tierra. Si los hombres escupen en el suelo, se escupen a sí mismos.

Esto sabemos: la tierra no pertenece al hombre; el hombre pertenece a la tierra. Esto sabemos. Todo va enlazado, como la sangre que une a una familia. Todo va enlazado.

Todo lo que le ocurra a la tierra, les ocurrirá a los hijos de la tierra. El hombre no tejió la trama de la vida; él es solo un hilo. Lo que hace con la trama se lo hace a sí mismo. Ni siquiera el hombre blanco, cuyo Dios pasea y habla con él de amigo a amigo, queda exento del destino común.

Después de todo, quizás seamos hermanos. Ya veremos. Sabemos una cosa que quizá el hombre blanco descubra un día: nuestro Dios es el mismo Dios. Ustedes pueden pensar ahora que Él les pertenece lo mismo que desean que nuestras tierras les pertenezcan, pero no es así; Él es el Dios de los hombres y su compasión se comparte por igual entre el piel roja y el hombre blanco. Esta tierra tiene un valor inestimable para Él y si se daña, se provocaría la ira del Creador. También los blancos se extinguirán, quizás antes que las demás tribus. Contaminan sus lechos y una noche aparecerán ahogados en sus propios residuos. Pero ustedes caminarán hacia su destrucción, rodeados de gloria, inspirados por la fuerza del Dios que los trajo a esta tierra y que por algún designio especial les dio dominio sobre ella y sobre el piel roja. Ese destino es un misterio para nosotros, pues no entendemos por qué se exterminan los búfalos, se doman los caballos salvajes, se saturan los rincones secretos de los bosques con el aliento de tantos hombres

y se atiborra el paisaje de las exuberantes colinas con cables
parlantes. ¿Dónde está el matorral? Destruido. ¿Dónde esta
el águila? Desapareció. Termina la vida y empieza la supervivencia.

*Noah Sealth, conocido como Seattle (1786?-1866), según
varias investigaciones, habría nacido en 1786 en Blake Island,
una pequeña isla al sur de Brainbridge Island, durante las
terribles epidemias legadas por los pioneros blancos que diez-
maban la población indígena. Cuando tenía 20 o 25 años,
Seattle fue nombrado jefe de seis tribus, cargo en el que fue
reconocido hasta su muerte.*

*Seattle fue el portavoz durante las negociaciones (inicia-
das en 1854) y firmante, con otros jefes indios, del tratado de
paz de Point Elliott-Mukilteo (1855) que cedía 2,5 millones
de acres de tierra al gobierno de Estados Unidos y delimitaba
el territorio de una reserva para los indios Suquamish.*

Notas

1. Breve historia del zen

1. *Sutras,* en sánscrito; *sutta,* en pali, son las escrituras que recogen las enseñanzas del Buda Shakyamuni.
2. 250 a.c.: sur de la India, Sri Lanka, reinos griegos de Oriente; siglo II d.c.: Asia central y China; siglo III d.c.: Camboya e Indonesia; siglo IV d.C.: Corea; siglo V d.c.: Birmania; siglo VI d.c.: Japón; siglo VII d.C.: el Tíbet.
3. Es probable que la figura de Bodhidharma haya sido una creación colectiva posterior, una figura mítica y arquetípica que condensara en forma de símbolo los orígenes nebulosos de la escuela zen en China.
4. Para conocer más sobre la historia del zen en China y en Japón, véase *Budismo: Historia y Doctrina. Vol. III. El Budismo Zen,* edición a cargo de Denkô Mesa, Ediciones Miraguano, Madrid, 2008.
5. Para una comprensión más amplia de la figura de Dôgen, véase *Budismo: Historia y Doctrina. Vol. III. El Budismo Zen,* ed. cit. Y también: *Enseñanzas del maestro zen Eihei Dôgen (Shobogenzo Zuimonki),* edición a cargo de Dokushô Villalba, Ediciones Miraguano, Madrid, 1988.
6. Asimetría, simplicidad, austeridad, naturalidad, sutileza, libertad y serenidad.

2. Acercamiento a la experiencia zen

1. En el capítulo III desarrollaré más ampliamente el significado del término «zen».
2. Véase la traducción de este texto y mis comentarios en *Riqueza interior,* Ediciones Miraguano, Madrid, 2005.

3. ¿Qué és la conciencia?

1. Peter Russell, *Ciencia, conciencia y luz.* Kairós, col. Nueva Ciencia, Barcelona, 2001.
2. Menzan Zuihô, *La Clara Luz del Ser (Jijuyu zanmai).* Ediciones Miraguano, Madrid, 1990.
3. *Ciencia, conciencia y luz,* ed. cit.
4. *El sutra de la Gran Sabiduría,* comentarios de Taisen Deshimaru, traducción española de Dokushô Villalba, Ediciones Miraguano, Madrid, 1987.
5. *Ciencia, conciencia y luz,* ed. cit.

4. La meditación zen

1. Dokushô Villalba, *¿Qué es el zen? Introducción práctica a la meditación zen.* Ediciones Miraguano, Madrid, 2005.
2. *Zafu,* en japonés.
3. El objeto primario de la atención es aquel sobre el que permanece enfocada la atención. En términos fotográficos sería el primer plano. El objeto secundario está fuera del primer plano, pero se conserva una cierta conciencia de él en un segundo plano.
4. En este sentido, debes considerar como distracción el desvío de la atención del objeto primario, sea cual sea el objeto de la distracción y sea cual sea el objeto primario.
5. Por contenidos mentales se entiende: pensamientos, conceptos, categorías, enjuiciamientos, valoración, recuerdos, proyecciones de futuro, imágenes, signos, símbolos, inflexiones lógicas, pensamientos hipotético-deductivos, etcétera; es decir, todos los contenidos de la experiencia que no son sensaciones, emociones ni impulsos inconscientes.
6. Si alguien fuera testigo de tu experiencia de Despertar Completo y Supremo, aunque subjetivamente tu experiencia sea la de estar fundido en la Clara Luz, tu observador vería tu cuerpo físico translúcido y transparentado por la Clara Luz que emana desde el núcleo de tu ser. Es posible encontrar semejanzas entre esta experiencia y la Transfiguración de Cristo que recoge el Nuevo Testamento:
   «Seis días después, Jesús tomó consigo a Pedro, a Jacobo y a Juan su hermano, y les hizo subir aparte a un monte alto. Y fue transfigurado delan-

te de ellos. Su cara resplandeció como el sol, y sus vestiduras se hicieron blancas como la luz» (san Mateo).

«Aconteció, como ocho días después de estas palabras, que tomó consigo a Pedro, a Juan y a Jacobo, y subió al monte a orar. Y mientras oraba, la apariencia de su rostro se hizo otra, y sus vestiduras se hicieron blancas y resplandecientes» (san Lucas).

7. Mahayana es una de las dos grandes corrientes dentro del budismo. Emergió alrededor del siglo II y se extendió primero por la India y después por China, Corea, Vietnam, Japón y Camboya. Su ideal espiritual es el *bodhisattva,* aquel que hace el voto de consagrarse a alcanzar la iluminación espiritual por el bien de todos los seres vivientes.

5. La religión del Dios Mercado

1. Aunque aparentemente las grandes religiones cuenten con millones de fieles y la presencia de algunas de ellas sea evidente en los medios de comunicación del planeta, el hecho real es que sus sistemas de valores han dejado de ser proveedores de referencias, incluso para sus propios seguidores. Profundizaré en esto más adelante.

2. David Loy, «La religión del mercado», en *Zendodigital,* n.º 9. www.zendodigital.es

3. Por ejemplo, según la OMS, la esperanza de vida en España en el año 2000 era de 78,8 años, y de 80,3 en 2005. Para los mismos años, la esperanza de vida en Honduras era de 67,1 (2000) y 67,2 (2005).

4. Descargable en la web site www.wwf.fr.

5. Informe de la Conferencia Ministerial Europea de la OMS, 2006.

6. La manipulación de las conciencias

1. Profesor de filosofía y religión comparadas en la Universidad de Bunkyo, Tokio, Japón. Entre sus últimos libros destaca *El Gran Despertar: una teoría social budista,* Kairós, Barcelona, 2006.

2. David Loy, *op. cit.*

3. Es bien conocida la ecuación según la cual los países ricos, que constituyen el 20% de la población mundial, consumen el 80% de los recursos natura-

les, mientras que el 80% de la población restante consume el 20% de los recursos. La riqueza de unos pocos se asienta en la pobreza de una gran mayoría. La codicia y la avaricia son las actitudes que se hallan detrás de esta injusticia.

4. David Loy, *op. cit.*
5. Shakhya era el nombre del clan al que pertenecía el Buda Shakyamuni. «Hijo de Shakhya» designa a los seguidores del Buda.
6. Extraído de *Shôdôka, el Canto del Despertar Inmediato,* del maestro zen chino Yoka Daishi. La traducción es mía.

7. Identificando el engaño

1. Arturo Uslar Pietri, «La economía de la sociedad colonial», en *Feudalismo, capitalismo, subdesarrollo*, Akal, Madrid, 1977.
2. Ryszard Kapuscinski, *Ébano*, Anagrama, Barcelona, 2006 (14.ª ed.), pág. 92.
3. «El trabajo en América, antes y después de Colón», en *Las venas abiertas de América Latina,* Siglo XXI de España Editores, Madrid, 2000 (16.ª ed.), pág. 124.
4. Véase Apéndice 2.
5. «Los límites del crecimiento», Informe del Club de Roma, 1972. Véase www.clubderoma.net.
6. Declaración de la Cumbre de la Tierra, Río de Janeiro, 1992.
7. Ignacio Ramonet, «Salvar el Planeta», en *Le Monde Diplomatique,* agosto 2002.
8. *State of the World 2002,* Worldwatch Institute, Washington, 2002.
9. Manuel de la Herrán, «Egoísmo, cooperación y altruismo», en http://iieh.com/autores/mherran.html.
10. David Loy, «El budismo y el dinero: la represión actual del vacío», en *Buddhist Ethics and Modern Society,* 1991, n.º 31, págs. 297-312.
11. Tôzan Ryokai, *Shin Jin Mei, El poema de la fe en el espíritu,* traducción de Dokushô Villalba, Ediciones Miraguano, Madrid, 1988.
12. Norman O. Brown, «Life Against Death: The Psychoanalytic Meaning of History», Vintage, Nueva York, 1961, en *El budismo y el dinero, op. cit.*
13. *Ibídem.*
14. *Ibídem.*
15. David Loy, *op. cit.*

16. Gabriel Celaya, «Paz y Concierto» (1953), recopilado en *Poesías Completas I,* edición de José Ángel Ascunce, Antonio Chicharro, Juan Manuel Díaz de Guereñu y Jesús María Lasagabaster, Visor Libros, Madrid, 2001.
17. *Bodhisattva,* seguidor del budismo Mahayana que ha hecho el voto de trabajar por el bien de todos los seres vivientes.
18. David Loy, *op. cit.*

8. El zen en la plaza del mercado

1. Gabriel Celaya, *op. cit.*
2. Las diez direcciones y los tres tiempos es una expresión budista que hace referencia la totalidad del espacio-tiempo.
3. Gabriel Celaya, *op. cit.*
4. Daniel Miller (ed.), *Acknowledging Consumption: A Review of New Studies,* Routledge, Londres, 1995, p. 19.
5. *Ibídem.*

Final

1. Iniciativa propuesta en 1987 por la Comisión Mundial para el Ambiente y Desarrollo de las Naciones Unidas, presentada oficialmente en el Palacio de la Paz en La Haya el 29 de junio del 2000. Más información en: http://www.cartadelatierra.org.

Para más información sobre el zen y la actividad
de Dokushô Villalba

www.budismozen.es
www.dokusho.eu

.